반석 위에 세우리라

이 책을 선교 위원회 회원들과 메노나이트 〈인디아나–미시간 노회〉의
직원들과 이 책이 쓰일 수 있도록 도움을 주신 분들에게 드립니다.

Originally published as "Building on the Rock"
Original Copyright ⓒ 1995 by Published by Herald Press, Scottdale, Pa.
15683
Co-published in Canada by Herald Press, Waterloo, Ont. N2L 6H7
Korean Copyright ⓒ 2005 by Korea Anabaptist Press

반석 위에 세우리라
Building on the Rock

2005년 4월 1일 제 1판 1 쇄 발행
2012년 8월 1일 제 2판 1 쇄 발행

지은이 | 월프레드 화러(Walfred J.Fahrer)
옮긴이 | 김복기
펴낸이 | 김경중
편집 | KAP 편집부
표지 · 본문 디자인 | 이지혜 charmjota@naver.com

펴낸 곳 | Korea Anabaptist Press
주소 | 강원도 춘천시 영서로 2600, 2층
신고연월일 | 2002년 8월 21일
출판사 신고번호 | 제 364 호
전화 및 팩스 | 033) 242-9615
인터넷 홈페이지 | www.kapbooks.com

가격 8,000원
ISBN 978-89-92865-12-8

반석 위에 세우리라

아나뱁티스트-메노나이트가 추구하는
성경적 교회의 비전

월프레드 화러 _{지음}
김복기 _{옮김}

교회의 정의

제자도에 대한 이해

권위의 모델

영성의 실천

초대의 삶

반석 위에 세우리라

"신자들의 교회는 그 역량을 충분히 발휘하고 있다." 월리 화러^{Wally} ^{Fahrer}가 말한 이 선언은 여러 대륙에서 사실로 드러나고 있다. 이 나라 저 나라에서 아나뱁티스트 형태의 새로운 교회[a]들이 세워지고 있고 아주 빠른 속도로 성장하고 있다. 이와 동시에 후기 기독교 사회의 압력[b]을 받아 온 다른 전통의 교회들 중에서도 '신자들의 교회'^{believers' churches}와 같은 기능을 하는 교회들이 많이 생겨나고 있다. 신자들의 교회가 이렇게 확산되고 있음은 다른 전통의 기독교인들조차도 신자들의 세례를 점점 더 많이 시행하는 것으로 보아 알 수 있다.

신자들의 교회란 무엇인가? 신자들의 교회의 근간을 이루는 신학은 무엇인가? 신자들의 교회의 구조는 어떠한가? 새 천년을 맞이하는 적절한 시기에 월리 화러는 아주 친밀한 교회 생활을 추구하는 회중들을 위한 안내서를 내놓았다. 저자는 아나뱁티스트-메노나이트의 전통과 성경을 기반으로 이 글을 쓰면서 가장 우선적^{primary}이고 대안적^{alternative}인 믿음의 공동체^{communities of faith}를 건설하기 위한 건축 재료가 무엇인지 그 목록을 제공하고 있다.

화러는 자신이 갖고 있는 건축 재료들을 조직적으로 사용하는 훌륭한 전문가다. 그가 무엇보다도 강력히 주장하고 있는 것은 예수 그리스도의 인격, 삶 그리고 가르침이 모든 것의 기초라는 것이다. "그리스도는 구세주요, 주님이시다." 교회는 사도 베드로의 전통을 따르는 신자들의 자발적인 신앙 고백이라는 굳건한 반석 위에 지어진다. 비록 우리를 둘러싼 환경이 그리스도인의 믿음과 삶의 방식을 장려해 주지 않는다 하더라도, 예수의 주†되심을 고백하고 따름으로 성장하는 것과 제자들의 그런 의지는 그리스도인 공동체를 잘 성장하게 해 주는 아주 고유한 것들이다. 그러므로 이러한 반석 위에 집을 짓는 그리스도인들은 삶의 전 영역에서 회심과 변화를 경험한다. 그들은 처음 공동체를 짓는 그 시작부터 마음에서 우러나오는 방법들을 사용하게 될 것이다. 그들이 이해하는 성경은 그리스도 중심Christ-centered이 될 것이다. 그리고 '성령에 철저히 의지함으로' 물질을 함께 나누고 서로 격려하며, 종으로서 섬기는 공동의 지도력을 개발하고, 폭력에 대처하는 등, 그리스도인으로서의 다양한 삶의 방식은 관습적이지 않으며 희망을 주는 방법들이 될 것이다.

화러의 이 책은 매우 실질적이고 이해하기 쉽게 구성되어 있기 때문에 독자들에게 많은 도움을 줄 것이다. 짧지만 각 장들마다 재세례신앙의 전통에 근거한 교회 생활의 아주 중요한 내용들을 다루고 있다. 그는 반석 위에 세워지는 교회의 구성 원칙들을 반복해서 묘사했고 그에 따른 구체적인 제안을 했다. 각 장의 끝에 딸린 질문들은 독자들로 하여금 토론과 나눔을 통해 서로 삶의 열매를 주고받을 수 있도록 해 놓았다. 나는 이 책이 소그룹이나 교회 생활에 관한 귀한 자료를 얻기 원하는 지도자들,

그리고 교회의 든든한 기초를 쌓기 원하며 새로운 교회를 이루고자 하는 개척자로서의 그리스도인들에게 많은 도움을 줄 수 있으리라 생각한다. 저자는 목회자로서 그리고 새로운 아나뱁티스트 교회들을 세운 사람으로서 수년간 겪어 온 자신의 경험을 토대로 이 책을 썼기 때문에 더욱 큰 의미가 있다고 생각한다. 저자는 이 책의 출간을 위해 함께 일한 동료들의 도움이 절대적이었다고 공을 돌림으로써 자신이 강하게 주장한 '상호 간의 책임'을 몸소 실행해 보였다.

월리 화러는 책을 아주 흥미롭게 읽을 수 있도록 구성하였다. 그의 글은 아주 단순하고 분명하다. 그의 설명은 정곡을 찌르고 있으며, 각 장에서 요약하고 있는 '공통의 신념'은 메시지의 의미를 기억하기 쉽게 정리되어 있다. 교회는 '영감을 주는 장소'일뿐 아니라 '헌신된 공동체'라는 대조적인 표현에서 볼 수 있듯이, 그는 교회의 그림을 아주 다채롭게 표현했고 생생하게 묘사했다. 그의 그리스도인으로서의 경험과 믿음에서 온 지혜가 각 장마다 반짝반짝 빛을 발하고 있다. 화러는 다른 전통적인 교단에서 성장했지만 어른이 되어서 메노나이트를 선택하고 확신한 사람이다. 그는 수많은 자원들을 다른 교회의 전통과 자신의 은사 중심적이고 복음 중심적인 경험 속에서 이끌어 내고 있다.

우리는 이 책에서 무엇을 얻을 수 있는가? 신자들의 교회를 구성하고 있는 벽돌들을 건축학적으로 분석할 것인가? 아니면 목회자들은 단지 교회의 일부분이라는 화러의 고집을 분석할 것인가? 아니면 단순히 개인적 복음주의가 아닌 '총체적 복음주의'를 통해 함께 교회의 삶을 표현하는

반석 위에 세우리라

예수 그리스도를 다른 사람들에게 보여 줄 것인가? 나에게는 윌리 화러의 메시지를 가장 잘 요약해 주는 한 문장이 있다. "가장 좋은 전도는 삶으로 보여 주는 것이다." 나는 이 책 『반석 위에 세우리라』가 여기저기서 성장하고 확산되고 있는 '신자들의 교회'들이 튼튼하고 지혜롭게 지어 갈 수 있도록 도와줄 것이라고 강하게 확신한다.

1995년 1월 14일
영국 맨체스터에서
알렌 크라이더

우리 인생길이 시작과 끝이 있는 여정인 것처럼, 예수 그리스도를 따르는 제자의 길도 시작과 끝이 있는 여정이다. 우리는 어머니의 뱃속에서 생명력을 갖고 태어난 이후, 죽을 때까지 성장을 멈추지 않는다. 마찬가지로 그리스도인 또한 성령으로 생명력을 부여받은 후, 끊임없이 성장해야 한다. 그러나 안타깝게도 이렇게 단순한 성장의 축복이 전인격적으로 일어나기도 전에, 우리는 복음의 순수성과 참된 제자의 모습을 너무나 쉽게 잃어버리고 있다. 땅의 척박함으로, 헌신의 연약함으로, 하나님의 계획에 대한 무지로, 혹은 건강한 공동체를 경험하지 못해서 우리는 교회에 대한 그리스도의 비전을 너무 쉽게 포기해 왔다.

실제로 지난 10년 동안, 개인적으로 교회의 명확한 모습을 찾기 위해 많은 변화를 감내해야 했다. 한국에서 캐나다, 미국으로 인생의 장을 바꾸기도 했고, 가능한 많은 교회의 모습을 보고자 애를 쓰기도 했다. 그러면서도 "과연 이 땅에서 이루어진다는 참된 하나님 나라는 어디에 있는 것일까?", "공동체는 과연 어떤 모습일까?", "그리스도를 향한 헌신과 이웃을 향한 사랑은 어느 정도여야 할까?"하는 기본적인 질문들에 만족스런 답을 찾지 못하였었다.

"반석 위에 세우리라!"

예수 그리스도의 선언을 제목으로 삼은 윌프레드 화러의 소책자를 받아든 것은 불과 얼마 전이었다. 이 책을 읽으면서, '어쩌면 이렇게 교회에 대한 그림을 명확하게 그려 줄 수 있을까?' 하는 느낌을 받았다. 번역을 시작하자마자 쉴 겨를 없이 2주를 보냈다. 공동체, 셀^{cell} 교회 등과 관련된 수많은 책들이 쏟아져 나와 나름대로 교회가 무엇인지 그 성격을 말해 주려고 부단한 애를 쓰고 있지만, 여전히 독자들이 그들 저자가 전하고자 하는 내용과 그림을 잘 이해하지 못하는 경우를 종종 보아 왔다. 특히 한국 교회가 개혁되어야 한다거나 제2의 종교개혁이 필요하다는 목소리가 높아져 가고 있는 이 때에 이런 책을 만나게 돼서 하나님께 감사를 드린다. 비록 역자의 부족함으로 번역이 매끄럽지 못하고 행여 저자의 뜻을 잘못 옮기지 않았는지 부끄러운 면이 없지 않으나, 그리스도의 몸 된 교회에 대한 올바른 이해가 시급히 이루어져야겠다는 마음에 또 한 권의 역서를 내놓는다.

비록 부족한 모습이긴 하지만 동일한 고민을 가진 사람들에게 일독을 권한다. 끊임없는 하나님의 은혜와 평화를 체험하면서 제자로서의 중단 없는 여정의 발걸음을 다시금 내디뎌 본다.

토론토에서 작은 겨자씨를 뿌리며

김복기

보물 찾기

배경

이 책 『반석 위에 세우리라』는 메노나이트의 인디아나-미시간 선교부에 의해 시작되었다. 나는 선교부 회원들에게 아주 많은 은혜의 빚을 졌다. 그들은 내가 손으로 더듬거리기만 하고 아직 보지는 못했던 그 무엇을 향해 가도록 도와주었으며 많은 용기를 북돋아 주었다. 하나님께서는 재세례신자들에게 '함께 교회를 이루어 간다'는 성경적 비전°을 주셨다. 이것은 메노나이트 회중들에 의해 시작된 곳곳의 교회에게 우리가 줄 수 있는 고귀한 선물이다.

디트로이트와 같은 대도시의 지역 교회 개척을 위한 전략을 개발하는 동안, 우리는 아주 큰 걸림돌을 만나게 되었다. 기본적으로 메노나이트가 무엇인지 모르며, 메노나이트의 성경적 견해를 잘 알지 못하는 지역에서 어떻게 진정한 아나뱁티스트-메노나이트 교회를 시작할 것인가?

우리는 곧, 소위 '스위스에서 독일로 이주했거나 네덜란드에서 독일을 거쳐 러시아로 이주했다는 배경을 가지는' 메노나이트 교회가 아니라 '진정한' 메노나이트 교회라는 정체성을 형성하기 위해서는 교회 개척에 관련된 사람들이 신학적인 핵심 내용들로 훈련을 받을 필요가 있다고 결정하였다.

메노나이트의 본질 – 현장 찾기

우리는 신학적인 핵심 내용에 하나하나 이름을 붙이기 시작하면서 아주 복잡한 문제에 부딪치게 되었다. 메노나이트의 본질이란 무엇인가? 만약 우리가 보물을 발굴하기 원한다면 가장 먼저 해야 할 것은 파야 할 올바른 장소를 찾아내는 것이다. 그러나 우리는 메노나이트의 본질에 대해 설명한다는 것이 그리 쉽지 않다는 것을 깨닫기 시작했다. 메노나이트들은 아나뱁티스트라고 일컬어지는 아주 귀하고 비옥한 기독교 전통의 한 갈래이다. 이 전통은 대부분 잘 알려져 있지 않거나 상당한 오해를 받고 있다. 그런데 사실 이 전통은 대부분의 그리스도인들이 알고 있는 것보다도 훨씬 더 심오한 영향을 오늘날의 기독교에 미치고 있다. 신자가 직접 베푸는 세례, 교회와 국가의 분리, 자발적인 교인됨, 양심의 자유 등 이러한 모든 것들은 16세기 재세례신자들의 공헌이며 현재 많은 기독교 교회들이 채택하고 있는 것들이다. 그러나 이 운동이 시작되었을 당시,

이러한 믿음은 고문과 죽음으로 처벌되었고, 유럽에서만 해도 수천 명의 사람들이 이 믿음을 지키기 위하여 순교를 당하였다.

아나뱁티스트라는 이름은 두 단어의 라틴 합성어로 '다시 세례를 받다'라는 의미를 갖고 있다. 이것은 원래 이들을 박해했던 사람들이 조롱 섞인 의미로 불렀던 말이었는데, 후에 신자들의 교회believers' church라 불리는 운동을 주도했던 사람들의 이름이기도 하다. 대부분 초기 재세례신자들은 자신들을 그저 형제자매로 불렀다. 근본으로 돌아가야 한다는 의미에서 근본적 개혁Radical Reformation d)이라 불리기도 했던 유럽에서의 이 기독교 개혁 운동은 가톨릭과 개신교 모두와 분명하고도 급진적인 차이를 보이고 있다.

이 재세례신앙 운동Anabaptism은 전 유럽과 영국으로까지 급속히 확산되어 많은 사람들의 삶에 깊은 영향을 끼쳤음에도 불구하고, 박해로 잠재워지게 되었다. 그러나 그것은 불신자들에 의한 박해가 아니었다! 예수의 이름을 외쳤던 많은 사람들이 이들 재세례신자들을 사냥했다. 이들의 급진적 신앙이 끼치는 영향력을 특히 두려워했던 로마의 가톨릭 정부와 개신교 정부들은 연합하여 이 운동에 가담한 신자들을 핍박했다. 주류 기독교에 의해 거절된 재세례신앙 운동은 마땅히 이루어져야 하는 영적 갱신의 도구가 되지 못하도록 처음부터 완전히 금지되었던 것이다. 그러나 수세기를 지나오면서 많은 교회들이 재세례신자들이 선포해 왔던 이런 비전을 기꺼이 받아들였다.

재세례신자들은 이 나라 저 나라를 떠도는 난민 신세가 되었고 예배를 드리는 것이 불법이라 하여 숲이나 동굴에서 혹은 가정에서 비밀리에 예배를 드리기도 했다. 그들은 신학교나 교단의 조직에 의지하지 않았다. 그들이 쓴 글들은 최근까지도 연구 대상조차 되지 못했다. 그들의 생활 자체가 곧 신학이었고 그들의 비전이 곧 그들의 실제 생활이었다.

재세례신자들 중 어떤 사람들은 네덜란드 출신의 한 목회자요 교사였던 메노 사이먼스Menno Simons의 이름을 따라 메노나이트Mennonites라고 알려지게 되었다. 수많은 사람들이 여러 해 동안 모진 고문과 박해로 목숨을 잃었고, 따라서 이 신앙을 붙들고자 했던 사람들은 분리와 소외의 삶을 살았다. 오늘날 메노나이트들은 종종 '자신들의 오래된 전통을 고수하는 사람들'로 간주되기도 한다. 그러나 그들은 바로 자신들을 핍박했던 사람들을 변화시킴으로써, 묻혀 버린 듯이 보이던 그들의 비전이 부활하고 있음을 보여 주었다.

오늘날 메노나이트란 이름에는 최소한 세 가지의 다른 의미가 있다.

첫째, 메노나이트라는 말에는 인종적, 문화적 배경이 내포되어 있다. 메노나이트라는 문화적 공동체에서 성장한 사람이지만 그리스도를 구세주나 주로 따르지 않으면서도 여전히 자신들을 메노나이트라고 부르는 사람들이 있다. 우리가 이 책에서 말하고자 하는 것은 이런 부류의 사람들이 아니다.

둘째, 메노나이트라는 말의 사용은 교단을 지칭하기도 한다. 어떤 회중 교회의 교인들은 자신들을 메노나이트라고 부른다. 이 그룹들 중 몇몇은 아마 전통적인 메노나이트 신앙 및 믿음의 실천으로부터 아주 동떨어진 삶을 살면서도 여전히 메노나이트라는 이름을 사용하는 사람들일 수 있다. 우리는 단지 기관으로서의 연결 고리를 찾고자 하면서 자신들을 메노나이트라고 규정하는 사람들에는 관심이 없다.

마지막으로 메노나이트는 독특한 신앙과 믿음의 실천을 추구하는 사람들을 일컫는데 사용되는 말이다. 회중 교회들이 모여 메노나이트 교단을 구성하며 아나뱁티스트−메노나이트 신앙과 삶의 실천이라는 조화를 이루며 사는 사람들이다. 따라서 메노나이트 교단이 아닌 다른 회중 교회라 할지라도 그들의 신앙과 삶의 실천에 있어서는 상당히 메노나이트적일 수 있다. 그러므로 우리가 이 책에서 다루고자 하는 내용은 이러한 신앙과 실천을 따라 사는 메노나이트에 대한 것이다. 이곳이 바로 우리가 보물을 파내고자 하는 현장이다.

보물찾기 − 정확한 장소에 'X' 표시하기

메노나이트를 특징짓는 이러한 독특한 믿음과 실천들을 하나하나 살펴보는 동안, 우리는 새로운 문제와 마주치게 될 것이다. 과연 우리의 정체성을 규정하는 그 핵심 내용은 무엇인가? 우리 메노나이트들은 다른 교단처럼 단지 공통의 교리를 들어 우리의 정체성을 설명하지 않는다. 우리에게도 신앙 고백이 있지만, 우리는 여전히 세례의 방법이나 종말론에 대한 견해, 그리고 예배의 형식에 있어 각 교단의 다양성을 존중한다.

또한 우리는 몇몇 교단처럼 특별한 교단적 특징에 관련해서만 우리의 정체성을 규정짓지 않는다. 메노나이트라는 이름이 초기 재세례신앙의 지도자였던 메노 사이먼스에서 딴 것이지만, 우리는 그를 메노나이트 교단의 창시자라든지 교단의 최종적인 기틀을 잡은 사람으로 여기지 않는다. 우리의 교회사나 공통의 교리도 우리의 정체성을 규정하는 핵심은 아니다.

우리는 메노나이트 정체성의 중심에는 교회됨을 이루는 성경적인 공통의 이해가 놓여 있다고 믿는다. 우리는 '함께 교회를 이루어 간다'는 독특한 비전을 메노나이트의 보물로 여긴다. 그러므로 우리가 세상에 기여하고자 하는 바는 우리의 교회론, 즉 교회에 대한 신학적 이해다. 우리의 정체성은 우리가 형성한 신학이나 교회사 보다는 교회에 대한 삶의 실천을 중심으로 형성되는 것으로 이해해야 한다. 우리는 보물을 표시하기 위해 교회됨에 대해 우리가 고유하게 이해하는 것에 크게 'X' 표시를 해놓아야 한다. 왜냐하면 그것이 우리의 정체성의 핵심이기 때문이다.

메노나이트 교회론 – 보물 지도는 없다.

예수님은 하나님의 나라를 설명할 때 밭에 감추어진 보화에 관한 비유를 드셨다(마 13:44). 재세례신자들은 바로 그런 밭에 감추어진 보화를 삶 가운데 소유하고 있는 사람들이다. 그 보화란 교회에 대한 비전인데 그 위에 하나님 나라의 도장이 찍혀 있다. 비록 그것을 따르는 사람들이 무서울 정도로 침묵을 지키고 있지만, 그들의 일과 비전은 아직 끝나지 않았다. 나는 적절한 때가 올 때까지 잘 보존하도록 하나님께서 평화를 사랑하는 사람들의 공동의 삶 속에 그 비전을 심어 놓았다고 믿고 있다. 그것은 교회에 대한 독특한 비전이며 재세례신앙의 정체성의 핵심으로 자리하고 있다.

이제 교회에 대한 가장 중요한 이해 및 실천 내용이 무엇이냐는 질문을 받게 되면, 우리는 또 다른 문제를 발견하게 된다. 사실 메노나이트에게서 교회론에 대한 단순한 기록들을 발견하기란 그리 쉽지 않기 때문이다. 일반 개신교 신자들은 말씀을 설교하고, 성례전을 집행하는 것으로 그들의 교회론을 설명하는 경향이 있다. 그러나 그러한 것은 메노나이트들이 이해하고 있는 교회론으로는 충분하지 않다. 메노나이트들의 교회론을 발견하려면 어떤 묵상이나 연구가 필요하다. 왜냐하면 우리들은 전형적인 공통의 일치가 있어야 한다는 것을 가정하거나 교회됨에 대한 우리의 형식을 명확하게 설명하려는 시도를 잘 하지 않기 때문이다.

우리가 발견한 것은 아나뱁티스트-메노나이트들의 참된 교회에 대한 이해란, 그것이 말뿐이 아니라 경험과 본보기를 보임으로써 이루어진다는 사실이다. 말보다는 삶生이 중요하다는 것이다. 우리는 지금까지 체계적으로 가르치거나 정의된 바가 거의 없는 우리의 정체성의 주요한 특징들 — 즉 교회를 함께 이루어 가는 것에 대한 우리 고유의 이해 — 을 드러낼 필요가 있다. 사실 우리는 보물 지도 없이도 묻혀 있는 보물을 효과적으로 찾을 수 있다.

사전적 정의에 따르면 문화 속에 있는 교회에 대한 일반적 이해는 1)

공적인 기독교 예배를 위한 건물, 2)'교회에 가다'라는 표현이 나타내는 예배 그 자체, 3)종교 단체의 성직자 혹은 직원들 그리고 성직, 4)기독교 인들, 교파 혹은 회중들 전체를 의미하는 것으로서 신도들의 몸 혹은 조직으로 기록되어 있다. 그런데 이러한 정의는 교회라는 말 뒤에 숨어 있는 진정한 의미를 간과하고 있다. 교회란 단어는 '주님의' 혹은 '주님께 속한'이란 헬라어에서 온 말이다(고전 11:20, 계 1:10).

아나뱁티스트-메노나이트가 생각하는 교회의 첫 번째 정의는 공동체다. 교회는 일주일에 한 번, 한두 시간 정도 건물에 모이는 신자 개개인들의 총합보다 훨씬 큰 개념이다. 교회는 주 예수 그리스도와 서로에게 속해 있다는 공통의 소속감을 함께 인식하는 신자들의 집합이다. 이것은 이미 아나뱁티스트-메노나이트의 관점이 우리가 생각하는 문화 속에서의 교회에 대한 통상적인 개념과는 같지 않음을 말해 준다. 교회는 믿음의 공동체다. 그러나 교회의 정의를 이렇게만 보는 것으로는 충분하지 않다.

교회의 두 번째 특징은 공동체로서의 본질을 좀 더 명확하게 하려는 데서 나온다. 교회는 봉사 단체나 친목 단체가 종교적 형태로 자리한 것이 아니다. 그것은 아주 다른 가치 체계를 가질 만큼 독특하다. 교인들은 성경에 기록된 바와 같이 예수 그리스도의 가르침과 모범을 따르는 가치 체계를 양심적으로 선택하며 살아간다. 교회는 단지 또 하나의 새로운 공동체가 아니라 우리 사회의 궁극적인 대안 그 자체이다. 그러므로 아나뱁티스트-메노나이트 교회의 두 번째 특징은 교회가 믿음의 공동체로서 궁극적인 대안을 제시한다고 결론지을 수 있다. 교회는 믿음의 대안 공동체다.

그러나 교회를 이렇게만 이해한다면 뭔가 빠진 느낌이 든다. 메노나이트 교회의 또 다른 특징은 그들에게 교회 공동체로서의 삶을 살아가면서 그리스도를 정말로 신실하게 따르고자 하는 열망이 있다는 것이다. 그렇기 때문에 메노나이트 교회 공동체는 대안적인 가치 체계를 갖고 있다. 그것은 서로에 대한 최고의 헌신과 충성에서 우러나오는 것이어야 한다. 그것은 생물학적 가족 관계에서 요구하는 헌신을 초월한다. 그렇지만 최우선적 헌신은 우리가 일반적으로 헌신한 다른 어떤 것들을 못하게 방해하는 것이 아니라 오히려 그것들에 도전을 주고 변화를 불러일으킨다.

메노나이트 교회의 세 번째 특징은 그리스도에 대해 최우선적이고 고귀한 헌신의 삶을 사는 교회의 지체들이다. 그러므로 우리의 교회론은 '세상에서 가장 우선되고, 궁극적인 대안을 갖는 믿음의 공동체'라고 말할 수 있다.

우리는 드디어 보물 파기를 시작할 수 있게 되었다. 보물 지도는 메노나이트 교회들이 역사를 통해 보여 준 삶 가운데 잘 기록되어 있다. 우리는 새로운 교회를 세우기 위해서, 그리고 진정한 아나뱁티스트-메노나이트 회중 교회가 되기 위해서, 교회 개척자들이 가장 우선적이고 궁극적인 대안이 되는 믿음의 공동체들을 세울 수 있도록 도와야 한다. 우리의 최종적인 임무는 보물을 파내서 사람들에게 보여 주는 것이다.

보물 파내기

그렇다면 우리는 스스로 이렇게 물어 보자. "가장 우선되고, 대안이 되며 믿음을 가진 공동체의 핵심 주제와 특징은 과연 무엇인가?" 이에 대한 해답이 이 책의 내용이다. 우리는 이러한 특징을 반영하는 교회라면 민족이나 인종, 교단적 배경에 관계없이 자신들을 진정한 아나뱁티스트-메노나이트 교회라고 볼 수 있으리라 확신한다. 우리는 이러한 비전이 성경에 근거한다는 것을 확신하며 그것이 메노나이트라는 이름과는 상관없이 하나님께서 모든 교회에게 주신 소명임을 확신한다. 인디애나-미시간 선교부의 협의를 거쳐 나는 이러한 믿음의 공동체에 대한 본질을 이야기하려 한다. 비록 내가 메노나이트 교회나 메노나이트 공동체에서 자란 것은 아니지만, 나는 메노나이트 신앙을 선택한 후 20년이 넘는 세월 동안 메노나이트 교회의 목사로 섬겨 왔다. 아내와 나는 어른이 되어서 메노나이트 교회를 다녔다. 비록 우리가 자라온 배경은 달랐지만, 아니 그렇기 때문에라도, 우리는 우리 믿음의 가족들이 소유한 고유한 정체성을 이해하고자 노력해 왔으며 그것을 다른 사람들에게도 나누고자 열심히 살아왔다.

와! 얼마나 놀라운 보물인가!

이제까지 우리는 아나뱁티스트-메노나이트 전통과 삶의 현장 한가운데에 있는 보물을 파내기 위한 한 가지 과정을 막 마쳤다. 이 보물은 교회에 관한 성경적 비전으로, 앞으로 보물 파기 작업을 하면 할수록 우리를 더욱 흥분시킬 것이다. 이 연구는 여러 번의 초고를 거쳐 1992년 2월에 있었던 한 토론회에서 발표된 것이다. 그 후 이 자료는 주일 학교나 소그룹에서 사용할 수 있도록 약간 수정되었다. 나는 일곱 가지 서로 다른 주제를 토론을 위한 질문과 함께 13장에 나누어 다루었다. 이 책을 함께 공부하면서 내가 발견한 것과 같은 보물을 여러분 또한 발견하기 원하며 예수 그리스도와 그분의 교회를 위해 새롭게 헌신할 수 있기를 바란다.

교회에 관한 재세례신앙의 비전은 이 책을 쓰던 내게도 상당한 동요를 일으켰다. 나는 이 보물을 나누면 나눌수록, 이 비전이 실현될 때가 점점 더 가까워지고 있음을 확신하게 되었다. 에스더서에서 모르드개가 "네가 왕후의 자리를 얻은 것이 이 때를 위함이 아닌지 누가 알겠느냐"(에 4:14)고 말한 것같이, 나는 하나님께서 그러한 때를 위해 이 비전을 간직해 오셨다고 생각한다.

하나님께서는 세계 도처에서 교회에 관한 이러한 비전을 다시금 회복시키시고 계신다. 아마도 그런 교회들은 하나님께서 성령의 새 포도주를 담기 위해 준비한 새 부대일 것이다. 교회사에 반복해서 나타나는 성령의 새 포도주는 전통적 기독교라는 가죽 부대를 늘 터트려 왔다. 하나님의 사역을 담을 수 없는 교회는 고정되고 변화를 거부하게 될 것이며, 하나님께서 준비하시는 개혁을 망치게 할 것이다. 아마도 지금이 우리가 배우고 준비할 때인 것 같다. 지금이 바로 우리가 하나님의 백성이 되어 그리스도를 위해 세상에 영향을 미칠 때가 아니겠는가?

1993년 2월과
1994년 6월에
월리 화러

반 석 위 에 세 우 리 라

Building on the Rock

교회의 정의

제1장 기초석 고르기

　　　　　예수께서 빌립보 가이사랴 지방에 이르러 제자들에게
물어 이르시되 사람들이 인자를 누구라 하느냐 이르되 더러는 세례
요한, 더러는 엘리야, 어떤 이는 예레미야나 선지자 중의 하나라 하
나이다 이르시되 너희는 나를 누구라 하느냐 시몬 베드로가 대답하
여 이르되 주는 그리스도시요 살아 계신 하나님의 아들이시니이다
예수께서 대답하여 이르시되 바요나 시몬아 네가 복이 있도다 이를
네게 알게 한 이는 혈육이 아니요 하늘에 계신 내 아버지시니라 또
내가 네게 이르노니 너는 베드로라 내가 이 반석 위에 내 교회를 세
우리니 음부의 권세가 이기지 못하리라 내가 천국 열쇠를 네게 주리
니 네가 땅에서 무엇이든지 매면 하늘에서도 매일 것이요 네가 땅에
서 무엇이든지 풀면 하늘에서도 풀리리라(마 16:13-19)

세 개의 반석

첫 번째 반석: 베드로가 반석이다
래턴투르 코엘리^{Laetentur Coeli}, 로마 가톨릭 칙령, 1439

우리는 교황청과 교황 로만 폰티프^{Roman Pontiff}가 전 세계에 가장 으뜸됨을 천명하며, 로만 폰티프가 사도들의 왕인 성 베드로의 계승자로서, 그리스도의 참된 대리인이요 교회의 머리임을 천명한다.[1]

두 번째 반석: 예수가 반석이다
마틴 루터^{Martin Luther}, 독일의 개혁가, 1545

그 때 주께서 말씀하시길, '내가 네게 이르노니 너는 베드로라 내가 이 반석 위에 내 교회를 세우리니.'…… 그때 주께서 말씀하시고자 했던 것은 '너는 베드로라, 곧 반석이니, 이는 성경이 말하는 진짜 반석인 그 사람을 네가 그리스도라고 이름하고 알았음이라. 이 반석 위에 즉 그리스도 위에 내가 나의 기독교의 모든 것을 세울 것이다.'라는 말씀이다.[2]

세 번째 반석: 반석은 참된 고백이다
필그람 마펙^{Pilgram Marpeck}, 독일의 초대 재세례신자, 1542

베드로의 이 고백 위에 그리스도의 새로운 교회가 세워졌다. 그리스도의 말씀에 따르면 '내가 이 반석 위에 내 교회 혹은 회중을 세우리</p>

니'(마 16:18) …… 또한 예수께서 '이 교회에게 천국의 열쇠를 주리니 너희가 뉘 죄든지 사하면 사하여질 것이요 그대로 두면 그대로 있으리라'(마 16:19-20)라고 하셨다.[3]

돌인가 보석인가?

미국 남서부 지역에 가면 크기와 모양이 꼭 야구공과 같은 돌들을 많이 볼 수 있다. 우리는 이것을 정동석^{geode}이라고 부른다. 겉보기에는 아주 평범하고 별로 보잘것없는 돌이지만 실제로 속에는 아주 아름다운 수정들이 들어 있다. 이 정동석은 암석 수집가들이 진짜 보석처럼 여기는 돌이다. 그렇지만 겉모양이 비슷하다고 해서 모두 정동석은 아니다. 그들 중 대부분은 평범한 돌에 불과하다. 그러나 암석 수집가들에게 기쁨이 되는 순간은 돌 하나를 집어 들고 그 속을 보기 위해 돌을 잘라내고, 그 안에 아름다운 수정들이 들어 있는 것을 발견할 때다.

기독교 교회는 여러 세기 동안 보석을 찾기 위해 암석 수집을 해왔다. 보석은 예수의 말씀에 숨겨져 있었다. "이 반석 위에 내 교회를 세우리니 음부의 권세가 이기지 못하리라"(마 16:18) 이 약속은 만약 우리가 돌을 바로 찾아낸다면 예수께서 그 위에 교회를 세웠을 것이라는 사실을 우리에게 알려준다. 그것은 틀림없이 가치 있는 암석 채집일 것이다. 그러나 불행하게도 생긴 것이 비슷하다고 모두 수정이 들어 있는 정동석은 아니다. 즉 그리스도의 돌이 되기 원한다고 해서 모든 돌이 실제로 그리스도

 반석 위에 세우리라

의 돌은 아니라는 것이다.

교회의 역사를 통해 여러 기독교 그룹들이 예수께서 말씀하신 반석의 의미를 다양하게 제시해 왔다. 로마 가톨릭 교회는 베드로가 교회의 반석이며 교황은 그의 뒤를 이은 계승자라고 주장하였다. 이런 이유로 사람들은 로마 가톨릭 교회의 설립자인 사도 베드로를 역사적으로 연결시킨 교회가 진짜 반석이라고 주장했다. 그 결과 교회는 우리 문화와는 맞지 않는 하나의 기관이 되어버렸다. 과연 이것이 예수께서 말씀하신 진짜 반석인가?

개신교신자들 또한 이 구절을 근거로 반석에 대해 나름대로 정의를 내렸다. 그들은 진짜 반석은 베드로가 아니라, 예수라고 확신했다. 베드로 자신이 베드로전서 2장 4절에서 그렇게 이야기하기도 했다. 바울도 "다른 터를 닦아 둘 자가 없으니 이 터는 곧 예수 그리스도라"(고전 3:11)고 하였다. 베드로가 예수는 구세주라고 고백했을 때, 그는 진리를 선언한 것이었다. 메시아로서의 예수에 대한 이해가 바로 반석이 되었다. 교회는 이러한 진리를 선포하는 것에 의해 세워지게 되었다. 그러나 이것은 결국 교리를 강조하는 결과를 가져왔다. 올바른 교리라면 궁극적으로 교회의 기초가 되는 것이 맞다. 그렇지만 정말 예수님께서 교리를 만들고자 하셨다면, 예수님은 분명히 더 간결하게 말씀하셨을 것이다. 과연 이것이 진짜 반석인가?

재세례신자들은 돌에 대한 세 번째 관점을 선택했다. 그러나 어떤 면에서 이것은 이전 두 돌의 특성을 합쳐놓은 것인지도 모른다. 재세례신자들은 예수 그리스도에 대한 베드로의 고백이 반석이라는 측면을 유지해 왔었다. 차이는 별로 커 보이지 않았다. 그러나 아주 중요한 차이였다. 예수의 교회는 (베드로와 같은) 사람 위에 지어지는 것이 아니며 어떤 올바른 교리 위에 지어지는 것도 아니다. 그것은 예수님을 구세주요 주님이라고 말하는 개인적이고 자발적인 고백 위에 지어지는 것이다. 이 고백은 영적으로 다시 태어나는 아주 중요한 부분이다.

예수님이 제자들에게 "너희는 나를 누구라 하느냐?"(마 16:15)라고 던진 질문에 대해 베드로는 그렇게 고백했다. 베드로의 대답은 그가 알게 된 참된 메시아로서의 예수님에 대한 믿음의 고백이었다. 예수님의 반응이 중요하다. 그는 "그래 정답을 맞췄구나! 내가 A+를 주지."라고 말씀하지 않으셨다. 사실 예수님이 강조한 것은 베드로의 대답이 아니라 그 대답의 '근원'이었다. 예수님은 베드로의 고백이 하늘 아버지에게서 온 것이라는 것을 강조하고 있다. 사실 예수님은 "이는 참된 고백이로다. 이를 알게 한 이는 혈육이 아니요 하늘에 계신 내 아버지시니"(마 16:17)라고 말씀하신 것이다.

예수는 베드로에게 말씀하셨다. "내가 이 고백 위에 내 교회를 세울 것이다. 왜냐하면 나의 교회는 진실로 나를 주로 고백하고 따르는 사람들 위에 세워질 것이기 때문이다"(마 16:18) 이것이 우리 '신자들의 교회'가 갖고 있는 반석에 대한 이해다. 교회에 대한 이러한 관점은 역사적 전통이나 교리적 정통성에 근거를 두지 않는다. 가장 우선되는 것은 개인의 변화인데 이는 남녀를 불문하고 예수님을 구세주와 주님으로 온 맘을 다

반석 위에 세우리라

해 인정하도록 성령이 역사하는 것이다. 이러한 교회는 교회의 외형적인 모습에 매력을 느끼지 않는다. 그러나 정동석이 열리게 되면 우리가 관심을 갖는 진짜 신앙인들이라는 수정이 그 안에 들어 있음을 발견하게 된다.

그러므로 교회는 그리스도 위에 지어지는 것이지 단순히 예수에 대한 어떤 올바른 신학적 이해 위에 지어지는 것이 아니다. 예수님은 그의 교회를 예수를 주로 고백하는 사람들 위에, 그리고 삶 속에서 그를 따르기로 결심하는 사람들 위에 세우신다. 마찬가지로 교회는 또한 베드로 위에 지어진다. 베드로는 유대인과 이방인들을 예수님으로의 믿음으로 초대했던 사건, 즉 오순절 사건 이후의 첫 번째 신자였다. 그는 '천국의 열쇠'를 가졌다. 이는 예수께서 교회에 주신 권위였다(마 18:18, 요 20:23). 진실로 예수를 고백하는 사람들을 위해 하늘의 문을 열도록 주신 것이었다. 그러나 그 열쇠는 베드로의 전설적인 권위를 말하는 것도 아니고, 교회의 근본이 되는 교리와 같은 정확한 문서도 아니었다. 그것은 예수가 메시아라는 믿음에 대한 진정한 신앙 고백이었다.

첫 번째 머릿돌

교회에 대한 이러한 이해는 어느 한 교파가 독점할 수 있는 것이 아니다. 가톨릭 교회에도 믿음의 교회의 모습을 따라 살아가는 사람들이 있고, 개신교 교회들에도 교인들이 그리스도에 대한 믿음을 공표하도록 하는 교회가 많다. 그리고 메노나이트 교회 가운데서도 아나뱁티스트보다는 여느 개신교에 더 가까운 교회들도 있다. 특별한 전통이나 교단 혹은 교회사가 있다고 해서 그것이 신실함을 보증해 주는 것은 결코 아니다. 이 비전은 어떤 한 교단보다 훨씬 더 큰 것이다. 예수님은 그의 몸 된 교회를 위해 자신을 내어 주신 것이지 단지 어떤 한 교단을 위해 그렇게 하신 것이 아니다.

세례에 있어서 신자들의 연합은 여전히 하나님 나라의 열쇠 역할을 하며 새 신자들의 고백을 보증해주며 하나님 나라로 가는 문을 열어 준다. 이런 교회의 지체들은 "무엇이든지 땅에서 매면 하늘에서도 매일 것이요, 땅에서 풀면 하늘에서도 풀리리라"는 예수 그리스도의 약속을 믿는 사람들이다. 그들은 예수 그리스도의 교회의 본질에 대해 공통으로 확신하는 것을 함께 나눈다.

우리는 예수를 주로 고백하며 그 믿음을 스스로 선포하는 신자들의 공동체로 교회를 이해할 때 예수의 비전에 가까워질 수 있다. 그러므로 **교회는 믿음의 공동체다.**

예수님은 자신의 교회를 세우시겠다고 말씀하셨다. 이것은 교회를 그분의 청사진에 근거해서 계속 세우시겠다는 것을 의미한다. 이것은 우리에게 선택권이 있다는 것을 의미한다. 그러면 우리는 어떤 종류의 교회를 원하는가?

토론을 위한 질문

1. '반석'에 대한 세 가지 견해를 자신의 말로 설명해 보라.

2. 우리가 성장하면서 배운 반석에 대한 견해는 어떤 것이었는가? 그것은 지금 우리가 이해하는 것과 어떻게 다른가? 그러한 차이에 대해 생각해 본 적이 있는가?

3. 우리가 생각하는 교회의 일반적인 관점을 '예수님을 구세주와 주님으로 마음을 다해 인정하는 사람들'이라는 개념과 어떻게 비교할 수 있겠는가? 그러한 교회가 가능하다고 생각하는가?

4. 교회를 예수 그리스도를 주님으로 고백하는 사람들의 공동체로 이해하기 위해 우리 교회가 할 수 있는 일은 무엇인가?

제2장 대성당이냐 동굴이냐?

우리는 하나님의 동역자들이요 너희는 하나님의 밭이
요 하나님의 집이니라 내게 주신 하나님의 은혜를 따라 내가 지혜로
운 건축자와 같이 터를 닦아 두매 다른 이가 그 위에 세우나 그러나
각각 어떻게 그 위에 세울까를 조심할지니라 이 닦아 둔 것 외에 능
히 다른 터를 닦아 둘 자가 없으니 이 터는 곧 예수 그리스도라 만일
누구든지 금이나 은이나 보석이나 나무나 풀이나 짚으로 이 터 위에
세우면 각 사람의 공적이 나타날 터인데 그 날이 공적을 밝히리니 이
는 불로 나타내고 그 불이 각 사람의 공적이 어떠한 것을 시험할 것
임이라 만일 누구든지 그 위에 세운 공적이 그대로 있으면 상을 받고
누구든지 그 공적이 불타면 해를 받으리니 그러나 자신은 구원을 받
되 불 가운데서 받은 것 같으리라 너희는 너희가 하나님의 성전인 것
과 하나님의 성령이 너희 안에 계시는 것을 알지 못하느냐 누구든지
하나님의 성전을 더럽히면 하나님이 그 사람을 멸하시리라 하나님의
성전은 거룩하니 너희도 그러하니라(고전 3:9-17)

반석 위에 세우리라

다른 창문으로 보기

첫 번째 창: 예식으로서의 교회
파이우스 12세[Pius XII], 1947

성찬은 가장 거룩한 신비로서 기독교의 중심이요 절정을 이룬다. 이것은 성스러운 예식에 왕관을 씌워 주는 행위와 같은 것이다.[4]

두 번째 창: 선포 중심으로서의 교회
마틴 루터[Martin Luther], 독일 개혁가, 1580

교회는 복음이 순수하게 선포되고, 거룩한 성례전들이 복음에 따라 올바로 시행되게 하는 믿는 사람들의 모임이다.[5]

세 번째 창: 공동체로서의 교회
베른하르트 로드맨[Bernhart Rothmann], 초기 재세례 신학자, 1534

그리스도인의 참된 교회란 그것이 크든 작든 그리스도 위에, 그리스도에 대한 참된 고백 위에 기반을 둔 모임이다. 이것은 그분의 말씀만을 붙들고, 그분의 모든 뜻과 명령이 이루어지기를 구하는 것이다. 이렇게 설립된 모임이야말로 그리스도의 참된 교회다.[6]

대성당에서 예배할 것인가
아니면 동굴에서 예배할 것인가?

나는 일곱 살 무렵 부모님과 함께 독일에서 몇 년 산 적이 있었다. 그것은 일종의 특혜로 우리는 그때 유럽 전역에 있는 아름다운 성당들을 여러 번 방문했다. 이러한 기억들 중 잊을 수 없는 한 가지는 스테인드글라스 창문들을 통해 성당 안으로 비취던 아름다운 햇살이다. 그것은 두말할 필요도 없이 나와 같은 소년들이 경험할 수 있는 가장 아름다운 시각 예술이었음에 틀림없었다. 나는 그 어린 나이에도 불구하고 "맞아, 하나님은 틀림없이 이런 곳에 계실 거야!" 하고 생각했었다.

후에 나는 같은 성당들을 보면서 나의 어릴 적의 기억들을 회고하기 시작했다. 그 제단 위에 있었던 것들이 모두 금이었다는 것, 돌 모양을 다듬고 그 위에 글씨를 새겨 넣기 위해 수많은 시간 동안 고통스런 작업이 필요했으리라는 것, 그리고 전체를 압도하는 그 규모와 비용이 엄청난 것들이었음을 알게 되었다. 그러면서 나의 마음 속에는 어느덧 동굴 속에 숨어서 비밀리에 모임을 가져야만 했던 초기 재세례신자들을 이 모든 것들을 누렸던 사람들과 비교하는 의식이 자연스럽게 자리하게 되었다. 어떤 사람은 이렇게 휘황찬란한 대성당에서 예배를 드리는 동안 어떤 사람들은 칙칙한 동굴 속에서 예배를 드려야만 했는데, 어떻게 그렇게 서로 다른 모습의 '교회'가 존재한단 말인가! 나는 사람들이 각자의 관점에 따라 물질세계를 다르게 본다는 사실을 깨닫게 되었다. 마찬가지로 우리의 관점은 우리가 성경을 읽을 때 무엇을 볼지에 깊은 영향을 준다는 것도 알게 되었다.

우리가 성경을 어떻게 이해하느냐에 따라 우리의 관점도 바뀔 것이고 우리가 어떤 관점에서 바라보느냐에 따라 성경에 대한 우리의 이해도 바뀔 것이다. 누가복음에 나오는 예수님의 평지 설교를 예로 들어 보자. "그러나 화 있을진저 너희 부요한 자여 너희는 너희의 위로를 이미 받았도다"(눅 6:24) 이 구절에서 부자들이란 어떤 사람들인가? 북미의 중산층들은 아마도 여기서 부자란 도날드 트럼프^{Donald Trump} 혹은 록펠러 가문^{Rockfellers} 혹은 로스 페로^{Ross Perot}쯤 되는 사람들이라고 말할지 모르겠다. 그러나 내가 똑같은 질문을 과테말라에 있는 소작농들에게 던진다면 아마 분명히 다른 답변을 듣게 될 것이다. 아마 그들은 "캐나다나 미국에 사는 사람들이야말로 부자지!"하고 대답할 것이다. 그러면 과연 신약 성경의 저자들이 살았던 당시의 상황에 가장 가까운 독자들이란 어떤 부류의 사람들일까? 아마도 소작농들이 그래도 가장 가까울 것이다.

우리는 성경의 저자들의 관점에 더 가까워질수록 성경이 전달하고자 하는 본래의 의미가 무엇인지 더 정확하게 이해할 수 있을 것이다. 교회에 대한 연구에도 같은 원리가 적용됨은 두말할 필요가 없다. 초기 기독교인들은 심한 박해를 받았으며 기독교인이 되는 그 자체가 불법이었다. 즉 불법적인 소수의 길이었다. 콘스탄틴 황제가 기독교에 호의를 베풀어 박해가 끝날 때까지 수 세기 동안 그렇게 지내지 않으면 안 되었다. 그러나 콘스탄틴 이후 신자들은 박해를 받지 않았고 소수로 살지 않아도 되었을 뿐만 아니라, 더 이상 불법의 신분도 아니었다. 교회는 유일한 존재가 되었는데 그것이 바로 국가 교회state church였다.

몇 세기 뒤에, 관점은 또다시 바뀌게 되었다. 종교개혁의 시작과 함께 신자들은 경쟁적인 두 개의 정치적 세력 사이에 붙잡혔다. 그들은 통치자들의 종교에 따라 로마 가톨릭이냐 개신교냐를 선택해야 했다. 왕들은 자신의 목적에 따라 신앙을 선택했다. 개인의 신앙은 정치적, 지리적인 요소들에 의해 결정되었다. 그리하여 처음 스위스 취리히에서 아나뱁티스트 성인 신자들이 서로 세례를 베풀었을 때, 초기 그리스도인들이 그랬듯이 그들은 불법을 행하는 사람들이자 박해를 받는 소수자들이었다.

이러한 시각의 변화는 이 운동을 주도했던 지도자들의 처음 가르침보다 훨씬 더 강력하게 재세례신앙 운동의 발전에 영향을 끼치게 되었던 것 같다. 서로 세례를 주기로 한 그 결정은 성경에 근거한 아주 새로운 견해였다. 이들 새로운 신자들은 자신들이 초대 교회의 기독교와 같은 맥락 아래 있음을 알게 되었다. 그 결과 성경이 새로운 시각으로 읽히게 되었다. 대성당에 있는 스테인드 글라스의 창문들을 통해 성경을 읽는 대신 그들은 동굴에서 모임을 가졌으며 고난의 그림자를 통해서 성경을 읽었다.

만약 교회가 근본적으로 미사mass라는 거룩한 의식을 중심으로 움직인다면, 그것은 미사라는 의식이 하나님께서 사람들의 삶을 변화시키기 위해서 사용하시는 주된 방법이라는 전제가 있어야 한다. 만약 한 사람이 죄를 범하면 그 사람은 죄를 고백하러 가야하며, 고해 성사 및 용서의 예식을 따라야만 하게 된다. 성례전을 받는 것이 신자들이 함께 모이는 중요한 이유가 된다. 이것이 여러 세기 동안 지속되어 온 일반적인 관점이었다.

종교개혁과 더불어 이러한 관점은 변화되었다. 성경을 강론하는 것이 그 무엇보다 중요하게 인식되었다. 종교개혁이 진행되어감과 더불어 성경 강론에 대한 의존도가 점점 높아졌고, 그 결과 말씀이 삶을 변화시킨다는 생각이 널리 퍼지게 되었다. 그럼에도 불구하고 한 가지 변하지 않은 것이 있었는데, 그것은 교회의 모든 일이 특정한 건물과 일요일 아침 행사를 중심으로 이루어진다는 것이었다.

박해를 경험하면서 초기 재세례신자들은 일요일 아침에 특정한 건물에서 모일 수가 없었다. 그들은 가정과 헛간 혹은 숲이나 동굴에서 모임을 가져야 했다. 결국 그들이 갖고 있었던 교회에 대한 이해가 바뀌게 되었다. 그들은 아주 단순한 진리를 발견하게 되었는데, 그것은 성령 하나님께서 그들의 삶을 변화시키는 큰 능력을 행사하시는 동안, 그들은 예수 그리스도께 완전히 굴복해야 한다는 것이었다. 성경에 대한 올바른 이해만으로 변화된 삶을 낳는 것이 아니었다. 주께 복종하고자 하는 그들의 갈망이 최우선이어야 했다. 주께 복종하기 전까지는, 수많은 의식들이 행하여지고 설교 말씀이 선포된다 해도 그들의 마음을 변화시킬 수 없었다. 실제적인 삶의 변화는 헌신된 신자들 사이에서 일어난다는 것을 그들은 알게 되었다.

따라서 재세례신자들은 교회를 예식이나 말씀이 선포되는 중앙무대가 아니라 헌신된 신자들의 공동체가 함께 살기 시작하는 곳으로 보게 되었다. 이로 인해 그들은 박해를 받게 되었고, 그들이 살고 있는 사회에서 더 이상 살 수 없게 되었다. 그들은 자신들의 가치 체계를 이루어 가려면 그 사회를 의지할 수 없다는 것을 깨닫게 되었다. 그들의 교회는 신약 성경이 반영해주듯, 예수님의 가르침과 삶을 가장 중요한 신호로 인식하게 되었다.

박해는 이 새로운 신자들을 그들의 가정과 가족으로부터 몰아냈다. 재세례신자들은 믿음의 공동체가 가장 근본적인 삶의 공동체요, 그들의 생활에 있어서 가장 우선시되어야 할 것이라고 여기게 되었다. 만약 교회가 없다면 아무도 서로를 위해 있어 주지 않을 것이라는 사실을 깨닫게 되었다. 이러한 인식은 나아가서 그들의 교회에 대한 이해로 자리하게 되었다. 이들은 스테인드글라스 창문을 통해서가 아닌 순교자들의 피를 통해서 교회를 보았으며, 이것은 그들에게 교회에 관한 완전히 새로운 의미를 갖게 하였다.

두 번째 머릿돌

주일 아침에 교회에서 무엇을 하는가가 교회를 만들어 주지는 않는다. 교회를 교회답게 하는 것은 그리스도 안에서 하나님의 새로운 피조물이 된 신자들 사이의 관계이다(고후 5:17-20). 교회는 하나님과의 화해뿐 아니라 다른 지체들과의 화해를 이루는 믿음의 공동체이다(엡2:11-22). 이러한 확신은 너무도 당연해서 우리는 때때로 그것이 얼마나 중요한지 잊거나 감사하는 마음조차 갖지 못한다. 서구 기독교 교회에 대한 우리의 이해의 대부분은 처음의 두 가지 창에 담긴 관점에 의해 형성되었

　　　　　　　　　　　　　　반석 위에 세우리라

다. 이러한 관점의 상당 부분이 여러 세기를 지나오면서 변하긴 했지만 교회에 대한 기본적인 관점은 여전하다.

그러나 재세례신앙 운동의 역사 속에는 이 시대에 중요한 의미를 가질 새로운 관점의 교회관이 남아있다. 어떤 문화나 정부도 교회의 교회됨을 보증하거나 지속시켜 줄 수는 없다. 그러므로 국가 교회는 위기를 맞이하고 있는 셈이다. 그러나 신자들의 교회는 언제나 그 자신의 본래 모습을 드러낸다. 덧붙여 말하자면 박해와 순교가 많아질 것이라는 것이다. 실제로 많은 나라에서 교회는 여전히 불법적인 소수이고 박해를 받고 있다. 그렇기 때문에 우리는 다음과 같은 확신 위에 서 있어야 할 것이다.

우리는 교회를 믿음의 공동체로 이해할 때 예수님의 교회를 향한 비전에 더 가까이 갈 수 있다. 이 믿음의 공동체는 예수님의 가르치심과 삶이라는 가치 체계에 의해 형성되며, 강력한 사랑의 헌신으로 특징 지워지는 관계적 공동체이다. 따라서 **교회는 가장 우선적이고, 궁극적인 대안이 되는 믿음의 공동체다.**

다시 말하지만 어떤 교단이나 교파라도 이러한 비전을 독점할 수는 없다. 그런데 이미 많은 교회들이 더 이상 예수님의 가치 체계를 따르지 않고 있다. 오히려 강한 세속 문화와 그 가치 체계의 포로가 되어 가고 있는 교회들도 있다. 또 어떤 곳에서는 교회가 부수적인 공동체에 불과하거나 단순히 개인의 신앙생활을 위해 어떤 가치 있는 자료만을 제공하는 곳으로 머물러 있기도 하다. 그러나 교회가 예수님의 비전으로 돌아간다면 교회는 성령의 능력을 체험하게 할 뿐만 아니라 삶을 변화시키기 시작할 것이다.

반석 위에 세우리라

토론을 위한 질문

1. 만약 주일 아침 공식 예배에 더 이상 참여할 수 없게 된다면, 우리 교회에는 어떤 일이 일어나겠는가?

2. 하나님께서 우리의 삶을 어떻게 변화시키는지에 대한 세 가지 관점을 자신의 말로 말해보자.

3. 나는 교회에 대한 어떤 관점을 갖고 성장했는가? 그것이 현재의 관점과는 어떻게 다른가?

4. 우리의 가치체계가 세속적인 문화가 아닌 성경으로부터 왔다는 것을 재확신하기 위해 우리 교회가 할 수 있는 일은 무엇인가?

반 석 위 에 세 우 리 라
Building on the Rock

제자도에 대한 이해

진정한 대안
공동체
제자들의 공동체
사랑으로 헌신하는 공동체
사랑으로 서로 책임지는 공동체
자발적인 제자도
최우선적인

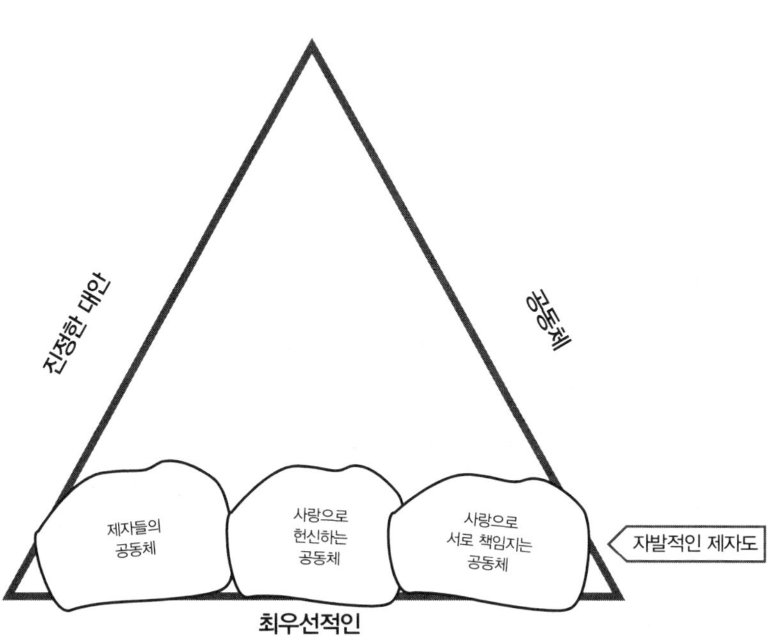

제3장 반짝이는 모든 것들

갈릴리 해변으로 지나가시다가 시몬과 그 형제 안드레가 바다에 그물 던지는 것을 보시니 그들은 어부라 예수께서 이르시되 나를 따라오라 내가 너희로 사람을 낚는 어부가 되게 하리라 하시니 곧 그물을 버려 두고 따르니라 조금 더 가시다가 세베대의 아들 야고보와 그 형제 요한을 보시니 그들도 배에 있어 그물을 깁는데 곧 부르시니 그 아버지 세베대를 품꾼들과 함께 배에 버려 두고 예수를 따라가니라(막1:16-20)

메노나이트 역사가 보여 주는 증거들

증언 1: 발타자르 후브마이어^{Balthasar Hubmaier}
초기 재세례신앙 신학자, 1525

신자란 그리스도의 말씀과 뜻과 법에 따라 살려고 마음을 정하고 자신을 이미 복종시킨 사람이다. 따라서 그는 그리스도를 위해 사는 사람이며 …… 세례를 받을 수 있도록 자기 자신을 내어놓은 사람이다.[7]

증언 2: 멜키어 호프만^{Melchior Hoffman}
초기 재세례신자, 1530

신자들은 참된 언약의 표시인 물세례를 통해 주 예수 그리스도께 공적으로 결합되고 붙들린 사람들이어야 한다.[8]

증언 3: 메노 사이먼스^{Menno Simons}
네덜란드 재세례신앙 저술가, 1539

우리는 우리에게 주신 성령의 능력으로 말미암아 그리스도를 믿는 모든 사람들이 참여하는바 물(세례)이 의미하는 언약의 외적 표시로 우리 자신을 하나되게 해야 한다.[9]

황철광인가 아니면 진짜 금인가?

"반짝이는 것이 모두 금은 아니다"라는 옛 속담이 있다. 사실 겉보기에는 틀림없는 금인데 그렇지 않은 '황철광'이란 것이다. 이 황철광은 황색 철로서 겉모양은 마치 금과 같아 보이지만 사실은 별로 값어치가 없는 쇠붙이다. 모든 채광 업자들은 그들이 무엇을 찾고, 시굴할 것인지를 잘 알고 있다. 그렇지 않으면 그들은 가짜에게 속아 넘어갈 것이다. 그리스도인이 되는 데에도 같은 원리가 적용된다.

나에게는 그리스도에게로 가까이 가게 한 극적인 회심의 경험(사울 · 바울의 회심과 같은)이 있었다. 그것은 내 생애에 아주 분명한 변화가 발생한 순간이었다. 나는 자신들이 언제 특별한 회심을 경험했는지 알 수 없다고 믿는 사람들이 많다는 것을 알게 되었을 때 적잖이 고민이 되었다. 그들은 자신들이 예수를 구세주^{Savior}와 주님^{Lord}으로 신뢰하는 삶을 살고 있다는 것을 알기까지 어렸을 때부터 그냥 예수님께로 성장한 사람들이었다(딤후 1:5. 디모데가 그 예이다). 그들의 생활의 열매, 즉 하나님께 순종하고 다른 사람들을 사랑하는 매일의 삶은 하나님의 성령께서 그들을 변화시키셨다는 충분한 증거들이 된다. 동시에 그들 중 많은 사람들은 내가 경험한 회심 이야기를 들으면 신자로서 조금 열등한 느낌을 받기도 한다.

내가 아는 극적인 회심을 경험한 많은 신자들은 그들이 경험한 불같은 성령 체험을 지켜내느라 여러 해 동안 싸우기도 한다. 그들은 자신들의 경험에도 불구하고 삶의 여러 가지 문제들이 사라지지 않음을 인정하기 시작한다. 그들 가운데 어떤 사람들은 두 번째 성령 체험을 찾아 헤매기도 한다. 그들은 그 최고의 극적인 경험과 성령 체험 이후에도 자신들의 모든 문제가 사라진 것은 아니라고 인정하기도 한다.

내가 관찰한 바로는 나의 수많은 친구들이 하나님과 함께 하는 '최고의 경험'을 한다는 사실이다. 그들은 자신들의 모든 문제를 사라지게 해줄 하나님과의 놀랍고도 신비한 경험을 찾고 있었다. 그러나 그 뒷면에는 자신들의 헌신을 지속시키기 위해 또다시 변화되는 경험을 찾고 싶어하는 기대가 놓여 있었다. 그들은 누군가를 구원의 '경험'가운데로 인도하는 것이 곧 복음 전도라고 말한다. 그러므로 만약 누군가 그러한 극적인 경험을 하게 된다면 그것이 성경적 믿음을 지속시켜 줄 것이라는 미루어 짐작하고 있었다.

나는 이러한 상황을 보면 볼수록 마치 황철광을 보는 것과 같은 느낌을 받는다. 이것은 마치 어떤 사람이 셀 수 없이 오르락내리락 변화하는 결혼 생활 가운데 연애 초기에 느끼는 낭만적인 사랑으로 개인의 신실함을 보여서 결혼 생활이 잘 되기를 기대하는 것과 비슷하다고 생각한다. 많은 사람들이 이러한 경험이 최고조에 이른다면 그리스도에 대한 헌신을 지속시켜 줄 것이라고 생각한다. 그러나 사실은 그 반대다. 성경적 믿음이란 하나님의 은혜로 말미암고, 예수님을 따르고자 하는 우리의 헌신이 있기 때문에 지속되는 것이다. 즉 헌신을 지속하기 위해 이러한 경험을 추구하는 것이 아니라, 이러한 경험을 지속하기 위하여 우리가 헌신해야만 하는 것이다. 그렇다고 극적인 회심의 경험이 별 효과가 없다거나 무효라고 주장하는 것은 아니다. 거꾸로 회심의 경험이 헌신을 강화해 주기도 한다.

그러나 그리스도를 처음 만나는 것과 구원을 경험하는 것 사이에는 분명한 차이가 있다. 나는 아내가 나를 사랑하고 있다는 것을 처음 깨달았던 그 순간을 지금도 기억한다. 그것은 약혼, 혼인 그리고 결혼 생활로 우리를 인도해간 관계의 시작이었다. 그러나 그러한 과정들에 대한 결정은 단지 한 번의 경험에 근거한 것이 아니다. 아내와 나는 서로 신실한 관계를 지속시키기 위해, 아주 멋진 전율을 느꼈던 그 최초의 경험을 다시 체험하고자 기대하지는 않았다. 오히려 그 최초의 경험은 아내를 신실함으로 대하도록 나를 헌신하게 만들었다. 서로의 사랑에 대한 헌신을 많은 사람들 앞에서 발표하게 되었을 때, 나는 비로소 결혼한 남편이 되었다.

나는 그리스도인이 되는 데 있어서도 같은 원리가 적용된다는 사실을 깨닫게 되었다. 신실함에 이르고 그 신실함을 지키기 위해 구원의 경험을 계속 기대하는 대신, 그런 경험은 예수 그리스도와의 사랑의 관계의 시작임을 알게 되었다. 그러한 사랑의 관계가 나로 하여금 그리스도를 따르는 삶을 살며 그의 교회에 신실하겠다고 공개적으로 선포하게 만드는 그 때에 비로소 나는 그리스도인이 된 것이다. 사랑의 관계가 성숙해 갈 때 신실함에의 헌신이 드러나게 되는 것이다

이것은 세례에 대한 나의 생각을 바꿨다. 세례는 과거에 구원을 경험했다는 하나의 '상징'이 아니라 마치 결혼예식과 같다는 사실을 알게 되

                                   반석 위에 세우리라

었다. 결혼식에서 신부와 신랑은 죽을 때까지 서로에게 신실하겠다고 맹세한다. 그들은 두 사람이 미래에 함께 할 삶을 기대하면서 헌신의 토대를 공식적으로 세우는 것이다. 나 또한 세례를 통해 그리스도에 대한 서약을 공식적으로 선언하였다. 그리스도를 알아갈 것과, 나를 향한 그의 용서와 사랑, 그리고 내가 사는 인생 동안 그리스도를 따르고자 하는 나의 헌신을 공식적으로 선언하였다.

내가 만일 행복한 결혼 생활을 위해서는 내 삶의 변화가 필요하다는 것을 결혼 전에 미리 알았어도, 그러한 헌신적인 삶을 살겠노라고 선언했을 지는 확신할 수 없다. 그렇지만, 지금 나의 입장에서 볼 때, 나는 다시 결혼식을 올린다고 해도 아주 기쁘게 그렇게 결혼 서약을 할 것이다. 나는 그리스도인이 되는 것도 꼭 같은 이치라 생각한다. 나는 일전에 기도 시간에 "밥^{Bob}, 너와 나는 너무 다르단다. …… 그리고 나는 변하지 않아!"라고 말씀하시는 주님의 음성을 친히 들었다는 목사님을 만난 적이 있다.(내 아내는 자신의 삶에 변화가 없을 것이라고 말하지 않아서 얼마나 다행인지 모른다) 신실한 그리스도인의 삶에 있어서 변화는 아주 필수 요소다. 우리는 "범사에 그리스도의 장성한 분량에 이르기까지 자라나도록"되어 있다(엡 4:15).

함께 살면서 생긴 어려운 변화의 시간들을 통해 아내 수(Sue)와 내가 지속적으로 행한 것은 '사랑에 빠졌던' 그 최초의 경험으로 돌아가는 것도 아니었고, 낭만적 관계가 지속적인지 다시금 점검하는 것도 아니었다. 우리가 함께 점검하고 지켜나가고자 했던 것은 하나님에 대한 우리의 사랑 그리고 서로를 향한 깊은 사랑에 뿌리내리고 있는 신실함, 신뢰 그리고 충성에 대한 헌신이었다. 그리스도인의 생활은 이러한 것과 꼭 같다. 그것은 바로 예수님을 따르겠다는 우리의 헌신이며, 그를 향한 우리의 사랑에 뿌리를 내리고 있는 충성심이다. 이러한 것들이 아주 어려운 시기에도 우리를 지켜 주는 것이다.

결혼이 신랑 신부 양쪽과 관계되는 일인 것과 마찬가지로 나는 세례에도 중요한 양측이 있음을 깨달았다. 예수 그리스도께 신실함을 다하겠다고 공식적으로 선언을 하는 것은 단지 나 혼자서 그렇게 선언하는 것이 아니다. 그 순간에 그리스도께서도 나를 향한 당신의 언약을 선언하고 계시는 것이다. 그는 항상 우리를 떠나지 않을 것이며 우리를 버리지 않을 것이라고 약속하셨다(마 28:20, 히 13:5). 우리 주님은 영적인 세례와 함께 그 언약을 인치고 계신다. 그는 우리에게 성령을 보내시고, 그 결과 우리가 모든 일에 신실하도록 영적으로 가능하게 해 주신다. 이것이야말로 단지 황철광을 보고 극도로 기뻐하는 그런 경험이 아닌, 참되고 그 무엇과도 바꿀 수 없는 진짜 금, 즉 진정한 기독교인 것이다.

제자도는 어떤 뜻을 행하고자 하는 단순한 행동이 아니라 그리스도를 따르겠다는 선택이다. 그 곧고 좁은 길은 내 심령의 강함과 결심만으로 여행할 수 있는 길이 아니다. 그것은 마치 결혼 생활이 단순히 신실하게 살고자 하는 결심만으로 이루어지는 것이 아니라, 깊은 사랑의 관계인 것과 같은 이치이다. 제자도란 바로 이러한 것이다. 내가 아주 힘이 들고 삶에 지쳐 쓰러졌을 때, "너를 사랑한다." 이 한 마디를 듣는 것이 얼마나

　　　　　반석 위에 세우리라

좋은지 말로 다 설명할 수 없다. 마찬가지로 그리스도께서는 제자의 길을 걷고 있는 우리들에게 자기의 사랑을 확증하심으로 우리에게 힘을 주시고 우리를 격려하신다. 이것이 은혜의 제자도다.

세 번째 머릿돌

그리스도인이 된다는 것은 특정한 교리를 받아들이거나 어떤 특별한 경험을 하는 것 이상을 의미한다. 우리는 특히 기독교를 몰랐던 사람들이 새 신자가 된 경우 세세한 교리적 이해를 하기 원한다는 것 또한 알고 있다. 그러나 그보다 중요한 것은 그리스도의 주 되심을 인정하고 그 아래서 배우고 성장하고자 하는 헌신, 즉 그를 따르고자 하는 헌신이다. 여기에 이러한 교회의 비전이 갖는 첫 번째 특징이 있다. 그것은 주 되신 그리스도를 향한 신자들의 자발적인 충성이다.

그러한 헌신은 그리스도의 사랑의 용서와 용납에 뿌리를 둔 관계에 기초해야만 한다. 그렇지 않고 뭔가를 시작한다는 것은 종종 교회의 역사 속에 나타난 상처가 보여 주듯이 율법주의의 노예로 되돌아가게 하는 결과를 초래할 것이다. 초기 재세례신앙의 순교자였던 한스 뎅크^{Hans Denck}의 말처럼 "제자도의 유일한 방법은 그리스도시다. 어느 누구도 그리스도를 삶 속에서 따르지 않으면서 그분에 대해 안다고 할 수 없다. 또한 그리스도를 먼저 알지도 못한다면 그분을 따를 수 없다."[10] 우리는 이러한 예수 그리스도의 교회의 본질에 대한 공통의 확신을 함께 나눈다.

우리는 교회를 삶 속에서 그리스도를 따르고자 하는 공통의 헌신을 함께 나누는 사람들이라고 이해할 때 비로소 예수의 비전에 더 가까워질 수 있다. 이것은 헌신을 유지하기 위해 경험을 찾는 것이라기보다는 경험을 유지하기 위해 헌신을 추구하는 것이다.
교회는 제자들의 공동체다.

예수님은 "나를 따라오라"고 부르셨고 제자들은 모든 것을 버려두고 그를 따랐다(막 1:16-20). 그들은 물로 세례를 받음으로 자신들의 헌신을 선언했고, 예수님은 그들에게 성령으로 영적 세례를 베풀어 주셨다. 그 작은 제자들의 무리로부터, 그리스도인 운동이 시작되었다. 과연 이러한 주님의 초대에 당신은 "네" 하고 응답하였는가?

토론을 위한 질문

1. 회심을 '최초의 만남'으로 이해하는 것과 '구원의 경험'으로 이해하는 것 사이에는 어떤 차이가 있는가?

2. 세례를 '앞으로 일어날 일들에 대한 기대'로 이해하는 것과 '과거의 경험을 되돌아보는 것'으로 이해하는 것 사이에는 어떤 차이가 있는가?

3. 내가 믿음을 갖게 된 것은 아주 극적인 경험을 했기 때문인가 아니면 헌신에 대한 점진적인 깨달음에 의한 것인가?

4. 우리는 헌신을 유지하기 위한 회심의 경험을 강조하는가? 아니면 영적인 삶의 체험을 지속시키기 위한 헌신을 강조하는가?

제4장 돌 벽

그러므로 예물을 제단에 드리다가 거기서 네 형제에게
원망들을 만한 일이 있는 줄 생각나거든 예물을 제단 앞에 두고 먼저
가서 형제와 화목하고 그 후에 와서 예물을 드리라(마 5:23-24)

여러 종류의 돌들

깨어진 돌

무릇 이 돌 위에 떨어지는 자는 깨어지겠고 이 돌이 사람 위에 떨어지면 그를 가루로 만들어 흩으리라 하시니라(눅 20:18)

값진 돌

내게 주신 하나님의 은혜를 따라 내가 지혜로운 건축자와 같이 터를 닦아 두매 다른 이가 그 위에 세우나 그러나 각각 어떻게 그 위에 세울까를 조심할지니라 이 닦아 둔 것 외에 능히 다른 터를 닦아 둘 자가 없으니 이 터는 곧 예수 그리스도라 만일 누구든지 금이나 은이나 보석이나 나무나 풀이나 짚으로 이 터 위에 세우면 각 사람의 공적이 나타날 터인데 그 날이 공적을 밝히리니 이는 불로 나타내고 그 불이 각 사람의 공적이 어떠한 것을 시험할 것임이라(고전 3:10-13)

살아 있는 돌

사람에게는 버린 바가 되었으나 하나님께는 택하심을 입은 보배로운 산 돌이신 예수께 나아가 너희도 산 돌 같이 신령한 집으로 세워지고 예수 그리스도로 말미암아 하나님이 기쁘게 받으실 신령한 제사를 드릴 거룩한 제사장이 될지니라(벧전 2:4-5)

돌벽 세우기

나는 목공이 아주 아름다운 가구를 만들거나 도공이 우아한 화병을 만들거나 혹은 화가가 화폭에 수려한 전경을 그리는 것처럼 자신의 기술로 일에 열중하고 있는 모습을 지켜보는 것을 참 좋아한다. 그래서 그런지 자연석을 이용하여 우리 교회 건물의 벽을 세우기 위해 석공이 도착했을 때 나는 매우 흥분해 있었다. 나는 그가 돌을 운반하고 다듬는 갖가지 연장들을 사용해서 벽을 세워 나가는 것을 아주 감명 깊게 바라보았다.

그는 다양한 모양과 여러 색깔의 돌들을 주의 깊게 선택했다. 이따금 벽의 특정한 부분을 채우기 위해 큰 돌을 둘로 쪼개기도 하였다. 돌들이 서로 붙어서 잘 떨어지지 않도록 중간 중간에 모르타르를 채워 넣었다. 그 결과 우리 교회는 다채로운 색깔의 자연석으로 된 너무나도 멋진 벽을 갖게 되었다. 큰 돌은 큰 돌대로 작은 돌은 작은 돌대로 서로 잘 어울려 너무도 아름다운 벽을 만들었다.

그 일이 있고 난 다음 일요일, 나는 돌벽을 쌓는 이 모든 일련의 과정을 설교 말씀에 적용시켰다. 그러나 더 중요한 것은 돌벽을 쌓는 일이 나의 제자도에 대한 이해를 더 구체화시켰다는 사실이다. 우리는 "하나님께서 우리의 삶에 아주 놀라운 계획을 갖고 계신다."는 믿음의 세계로 초대받을 때, 하나님께서 내 이름을 기억하시고 단지 내 모습만을 빚으시고 나만을 채우신다고 생각하기 쉽다. 나는 제자도를 이렇게 개인적인 차원에서만 생각했었다. 그러나 석공이 돌벽을 쌓는 일을 유심히 살펴본 이후

반석 위에 세우리라

에 나는 제자도에 대해 다시금 생각하지 않을 수 없었다.

나는 일전에 캐나다의 원주민 공동체의 자녀들이 공립학교에 출석하면서 생긴 일에 대해서 들었다. 그 부족 출신이 아닌 어떤 선생님이 학생들에게 "답을 말할 때는 손을 들고 말해야 한다."고 알려주었다. 선생님이 어떤 질문을 했을 때 그 학급의 학생 중에 아주 총명한 아이가 있었다. 그런데 그 아이는 손을 들기 전에 반 전체 아이들에게 속삭이듯 그 답을 말해 주었다. 모두가 답을 알게 되었고 아이들은 모두 함께 손을 들었다. 선생님과 학생들은 공동체에서의 개인의 역할에 대해 서로 아주 다른 문화적 관점을 갖고 있었던 것이다.

공동체 안에서의 개인의 역할에 대한 예수님의 생각은 우리의 생각과 아주 달랐다. 교회에 대한 예수님의 비전을 이해하는 데 있어서도 개인주의 문화는 실로 큰 문제가 아닐 수 없다. 나의 필요와 소원을 다른 사람들의 것보다 항상 우선시하고 자기 성취만을 강조하는 것은 성경이 보여 주는 신자들의 공동체로서의 교회의 관점에 정면으로 거스르는 것이다. 그리스도인들은 개인적으로 승리하는 삶을 살아보려는 경향이 있다. 나는 그 요상한 삶을 '나 홀로 승리하는 그리스도인의 삶이라는 신화'라고 부르고 싶다.

내가 이렇게 그리스도인의 성숙에 대해 잘못 생각하고 있었다는 것을 깨닫기 시작한 것은 정말로 눈이 새롭게 열리는 체험이었다. 내가 거짓된 삶을 살기 위해 그렇게도 애써 왔는가라는 질문을 깨닫기까지 15년 동안 나는 그런 식의 그리스도인이었다. 나는 그 전까지 예수님과 개인적으로 좋은 관계를 맺고 있다면 어떻게 해서든지 삶의 모든 위기 상황에 잘 대처할 수 있는 자원들을 전부 얻을 수 있고, 내가 도달하고 싶은 성숙의 단계에 도달할 수 있다고 생각했었다. 그래서 나에게 삶의 위기가 찾아온다면 신앙인으로서 잘 대처할 수 있을 거라고 생각했었다. 그러나 나는 이러한 생각이 얼마나 왜곡된 것인가를 깨닫기 시작했다. 만약 내가 그 정도로 성숙해진다면, 나는 교회를 필요로 하지 않을 것이다. 나는 교회 없이도 그리스도인으로 존재할 수 있을 것이다.

그러나 나는 나만이 그런 잘못된 생각을 한다고는 생각하지 않는다. 그것은 교회에 아주 심각한 피해를 가져오는 일이다. 모든 일이 잘 진행되는 동안에는 교회 없이도 우리가 모든 것을 잘 할 수 있다고 생각한다. 그러나 일이 잘 안 될 때는 우리 자신을 책망한다. "우리의 믿음이 더 강했어야 해! 우리가 보다 더 열심히 기도했어야 해." 만약 우리가 스스로의 힘으로 그 일을 감당하지 못할 경우 우리는 주님과의 관계에 뭔가 잘못이 있었다고 생각한다.

이러한 태도의 이면에는 '제자도가 예수 그리스도와의 개인적인 관계일 뿐'이라는 잘못된 생각이 깔려 있다. 그러나 이것은 거짓이다. 나는 오히려 그 반대가 진리에 더 가깝다는 사실을 깨닫기 시작했다. 그리스도인 개개인이 삶의 위기에 잘 대처할 수 있을 정도로 예수님과의 관계에 있어 충분한 모든 자원을 다 갖는다는 것은 거의 불가능하다. 그렇기 때문에 예수님께서는 교회를 계획하신 것이다.

우리가 개인주의적인 관점에서 제자도를 이해하고 그런 교회를 이루고자 한다면 공동체가 왜 필요하겠는가? 혹 형제나 자매가 마음을 상하게 했더라도 예물을 제단에 내려놓고 와 버리면 되지 않겠는가?(마 5:23-24). 만일 정말 상황이 나쁘면 아예 제단에 안 가면 그만 아닌가? 그러나 진리와 마주 대하면, 우리로 하여금 공동체 안에서 역할을 갖게 하시는 예수님의 지혜를 그냥 간과할 수 없을 것이다. 사실 우리는 그리스도인으로 살아가기 위해서 형제, 자매가 필요하다. 내가 어떤 것에 최고라면 나는 그 장점으로 당신을 도울 수 있다. 그리고 당신이 어떤 것에 최고라면 당신이 나의 연약함을 도와 줄 수 있을 것이다. 우리는 주님이 우리들과 이루는 관계들에 의지하고 있다. 제자도는 믿음의 공동체에서 함께 경험하는 것이다. "너희가 짐을 서로 지라. 그리하여 그리스도의 법을 성취하라"(갈 6:2)

내가 얼마나 결혼하기를 원했고 얼마나 아이를 원했는지, 지금 당신에게 이야기한다고 가정해 보라. 그러나 대화 도중에, 내가 어떤 여자와 아무런 교제도 없이 그냥 (혼자서) 결혼해서 아이를 갖겠다고 했다면 당신은 나를 틀림없이 미쳤다고 생각할 것이고 나 역시 그런 당신의 생각이 옳다고 할 것이다. 그러나 그리스도인들이 믿음의 공동체에 속하지 않고 단순히 개인적·영적 규범을 잘 지킴으로써 개인적인 관계에서 그리스도를 따르는 것이 제자도라고 말한다면 그 또한 미쳤다고 말할 수밖에 없다. 우리는 이 점에 있어서 분명히 해야 한다. 당신은 홀로 예수 그리스도의 제자가 될 수 없다! 물론 신자로서 홀로 서야 하는 경우가 분명히 존재한다. 그러나 그것은 예외 상황일 뿐이지 규범은 아니다.

석공의 벽을 이루고 있는 돌들처럼 우리들 각자는 아주 독특한 존재들이지만 결코 떨어져서는 존재하지 않는다. 우리들 중 어느 누구도 스스로 벽을 이룰 수 없다. 우리는 함께 어우러져야 벽을 이룬다. 석공이 원하는 대로 전체의 벽을 이루기 위해 때로는 깨어져서 새로운 형태로 바뀌어져야만 한다. 우리의 영광은 하나의 독립된 아름다운 돌로 존재함에 있는 것이 아니라, 벽의 일부로 장식될 때 의미가 있는 것이다. 어떤 돌들은 아주 훌륭한 모습으로 남들의 눈에 띄기 쉬운 자리에 위치할 수도 있겠지만 홀로 떨어져 별로 중요하지 않게 보일 수도 있다. 각각의 신자들은 교회와 궁극적으로는 전 지구를 위한 하나님의 크신 계획의 한 부분을 차지한다. 우리는 함께 지어져 가는 하나님의 거룩한 성전이다. 우리가 바로 하나님의 성령이 거주하는 곳이다(고전 3:16-17).

네 번째 머릿돌

이것은 우리가 그리스도를 따르고 세례의 언약을 지키기 위해서 '공동체 안에서' 헌신한다는 것을 의미한다. 우리 사회는 너무나도 빠르게 공동체를 지탱하는 기술을 상실해가고 있다. 우리 문화 속에서 사람들은 친밀함이 가져다주는 상처에 대해서 어떻게 해야 할지를 전혀 모르기 때문에 그 관계가 아주 피상적이다. 어떻게든 헌신을 지속해 나갈 수 있기를 바라지만 감정이 변하거나 상처를 입을 때는 그러한 헌신도 곧 시들어버리고 만다.

반석 위에 세우리라

공동체의 본질 중 아주 중요한 것은 바로 헌신이다. 헌신이 없다면 공동체도 존재할 수 없다. 예수께서는 이 사실을 너무나 잘 알고 있었기 때문에 우리를 공동체로 부르셨고, 공동체를 가르치셨고, 공동체의 모범을 보이신 것이다. '공동체 안에서의 제자도'라는 이해가 있어야 예수께서 말씀하시고 보여 주셨던 교회의 모습을 볼 수 있다. 헌신은 단지 경험만 오래 지속시키지 않는다. 그것은 공동체를 지속시킨다. 이러한 언약의 공동체에 대한 경험은 하나님의 은혜로운 선물이다.

다른 사람들에게 그러한 헌신의 능력은 말처럼 쉽게 들리지 않는다. 공동체로 살겠다는 단순한 결정만으로는 충분하지 않다. 그것은 성령 하나님의 능력이 있어야 가능하다. 바울이 말한 것처럼, 우리는 모두 다 한 성령 안에서 한 몸을 이루도록 세례를 받았다(고전 12:13). 우리는 그것을 헌신의 은혜라고 불러도 좋을 것이다. 그러므로 우리는 이러한 예수 그리스도의 교회의 본질에 대한 공통의 확신을 함께 나눈다.

우리는 그리스도를 따르고 서로 사랑하기로 헌신하는 제자들의 공동체로서 교회를 이해할 때, 비로소 예수의 비전에 더 가까워질 수 있다. 이러한 제자들은 서로 상처가 있고 불화가 있음에도 불구하고 서로 사랑할 수 있도록 능력을 부여하시는 성령님을 경험한다. **교회는 서로 사랑하기로 헌신한 제자들의 공동체다.**

토론을 위한 질문

1. 신자 개인이 모든 일에 혼자 설 수 있어서 성숙한 그리스도인이라고 할 수 있을 것 같은 상황에 대해 이야기 해보자. (나 홀로 승리하는 그리스도인의 삶이라는 신화라고 이름 붙인 것)

2. "그리스도인의 삶을 살기 위해서 서로를 필요로 한다."는 말에 동의하는가? 그렇다면 그것이 생활에서 어떻게 실현될 수 있겠는가?

3. 우리가 교회 공동체 안에서 가깝게 지내다 보면 서로에게 상처를 주고받을 수도 있는데 우리 교회는 그런 상황을 어떻게 다루고 있는가? 사람들이 상처를 받았을 때 교회를 떠나는가?

4. 우리 교회는 제자도를 '공동체 안에서' 어떻게 더 의미 있게 실천하고 있는가?

제5장 돌무더기

새 계명을 너희에게 주노니 서로 사랑하라 내가 너희를 사랑한 것 같이 너희도 서로 사랑하라 너희가 서로 사랑하면 이로써 모든 사람이 너희가 내 제자인 줄 알리라(요 13:34-35)

세 개의 기초석

기초석 1: 마이클 새틀러^{Michael Sattler}
초기 재세례신앙 지도자, 1527

그리스도 안의 사랑하는 동지들이여, 여러분은 사랑을 잊지 않도록 더욱더 서로 훈계해야 합니다. 그렇지 않으면 여러분이 그리스도인 회중이 되는 것은 불가능합니다. 여러분은 우리의 동료요, 형제인 바울의 증언을 통해 사랑이 무엇인지 알아야 합니다. [11]

기초석 2: 울리히 스타들러^{Ulrich Stadler}
초기 후터라이트 지도자, 1537

간단히 말해서 '하나'^{one} 혹은 '공동'^{common}이란 말은 주의 집을 세우는 것이며 그것은 순전하다. 그러나 '나의 것'^{mine}, '너의 것'^{thine}, '그의 것'^{his}, 혹은 '누구만의'^{own}라는 말은 주의 집을 무너뜨리는 순전하지 못한 것이다. [12]

기초석 3: 덕 필립스^{Dirk Philips}
네덜란드 재세례신앙 지도자, 1562

그러나 이것이 어떻게 이뤄지고 예수 그리스도의 교회가 어떻게 세워질 것인지, 성경은 우리에게 분명하게 보여 준다. 즉 하나님의 올바른 말씀에 의해, 하나님의 말씀을 듣고 생기는 믿음에 의해(롬 10:18), 그리고 성령 하나님의 조명하심에서 생겨나는 믿음에 의해 교회는 이루어진다. [13]

돌무더기인가 아니면 건물인가?

자동차 부품 덩어리와 완성된 자동차가 서로 다른 것처럼 돌무더기와 건물은 근본적으로 다르다. 필요한 모든 돌들을 한 곳에 모았다고 해서 그것이 건물을 만들어 주는 것은 아니며, 자동차의 모든 부품을 다 수집해 놓았다고 해서 그것이 곧 자동차를 만들어 주는 것도 아니다. 자동차나 건물은 정해진 조립 방법에 의해서만 만들어진다.

마찬가지로 '신자들이 단순히 무리를 지어 있는 것'과 '교회' 사이에는 엄청난 차이가 있다. 신자들이 주일 아침 같은 장소에서 함께 모인다고 해서 그것이 교회를 의미하는 것은 아니다. 교회는 신자들이 모인 것 그 이상이다. 교회는 공동체다. 그렇게 되기 위해서는 의미 있는 결합이어야 한다. 어떻게 해서든지 각각의 지체들은 서로 붙어 있을 필요가 있다.

복음의 은혜에 따르면 신자의 삶은 그리스도를 따르겠다는 헌신과 더불어 시작된다. 이와 같이 공동체로서의 교회도 마찬가지로 헌신과 함께 시작된다. 이러한 헌신의 본질은 서로 함께 사랑의 관계 안에서 살아가는 것이다. 예수께서는 서로 사랑하는 우리의 관계를 보고 믿지 않는 세상이 우리가 참된 제자들임을 알게 될 것이라고 말씀하셨다(요 13:35). 사랑의 공동체라고 하니 천국이 이 땅에 존재하는 것같이 들린다. 그렇다. 그것이 바로 예수님께서 정확히 의도하신 것이다.

아내 수Sue와 내가 서로에의 헌신을 결정하자 우리의 결혼 생활에 중요한 전환점이 왔다. 우리는 서로 결혼 서약을 교환했었다. 그러나 서로 상처를 주고 오해하는 일들이 생겼고 그러면 우리는 "당신이 정말로 나를 사랑한다면 그렇게 하지 않았을 거예요."하고 반응한다. 우리가 그리스도인 부부학교 프로그램에 참가했을 때, 우리는 결혼 서약에 충실하라는 강사 선생님의 말씀에 큰 도전과 격려를 받았다. 그는 우리에게 서로 "나는 하나님께서 원하시는 남편 · 아내의 모습으로 살기 원합니다."라고 말하라고 하면서 우리를 격려해 주었다. 그는 또 우리가 이 말을 기도 중에도 사용하고 서로에 대한 헌신에 대해서 다시는 의심을 품지 말라고 했다.

그 수양회가 끝난 후, 우리는 "당신이 정말로 나를 사랑한다면……." 이라고 말하는 대신에, "나는 당신이 하나님께서 원하시는 남편 · 아내의 모습으로 살고자 노력하는 것을 알고 있어요. 그러니까 당신은 무엇이 나를 아프게 하는지 알 필요가 있어요." 하고 말하기 시작했다. 이러한 변화가 가져다준 효과는 대단히 크고 심오했다. 결혼한 지 몇 년이 지난 후, 우리는 마침내 우리 결혼의 근본을 이루는 신뢰의 터를 쌓기 시작했다. 나는 이러한 것이 실제로 어떻게 우리 결혼 서약에 들어가 있는지 볼 수 있게 되었다. 우리는 그것을 의도적인 언약covenant of intention이라고 불렀다.

　　　　　　　　　　　　　　반석 위에 세우리라

그때 나는 이 원리를 교회와 연관해서 생각하기 시작했다. 교회의 구성원membership이 되기 위해 필요한 것은 무엇일까? 그것은 하나님과 형제자매들에 대한 의도적인 헌신이다. 우리는 이러한 헌신을 세례와 주의 만찬을 통해서 새롭게 재확인한다. 그러나 우리는 우리를 구원하신 예수 그리스도에 기초한 '새로운 언약'을 지키면서 살아야 하는 것이지 그것을 축하만 해서는 안 된다(고전 11:23-26). 서로에게 "만일 당신이 정말로 나를 사랑한다면, 당신은 그렇게 하지 않았을 거예요."라고 말하기보다는 "나는 당신이 하나님께서 원하시는 형제자매의 모습으로 살고 싶어 한다는 것을 알고 있습니다. 그러므로 당신은 당신의 어떤 행동이 나를 아프게 하는지 알 필요가 있습니다."하고 말할 수 있어야 한다.

교회가 공동체가 되기 위해서는 그리스도의 몸 된 교회 안에서 '언약의 헌신'이라는 성경적 진리를 재발견할 필요가 있다. 그것은 마치 자동차의 아주 부드러운 완충 장치와 같은 것이다. 그러나 만약 내가 자동차의 한 부분이 되고자 한다면 나도 다른 부품에 붙어 있어야 한다. 그것은 내가 완충 장치가 되기보다는 그 완충 장치를 견고하게 붙들어 주는 리벳이나 접착부가 될 수 있음을 의미하는 것이다. 이것은 아주 중요한 변화를 의미한다. 그것은 내가 교회 공동체의 한 부분이 되기 위해 개인적인 것들을 스스로 양보해야 함을 의미한다. 아나뱁티스트가 가장 많이 인용한 초대 교회의 그리스도인들처럼 신자들은 빵을 만들기 위해 부서져야 되는 밀알이며, 주스를 만들기 위해 으깨져야 할 포도와도 같은 존재이다. 그리스도께서 우리를 위해 고통을 받으셨듯이, 우리도 또한 서로를 위해 헌신된 제자들의 교제 안에서 고통을 받아야 한다(요 15:13, 골 1:24, 벧전 3:17-18).

이는 우리가 살아가는 문화 속에서 그리스도인으로서의 삶이 치르는 대가가 아주 크다는 것을 의미하며 많은 사람들이 꺼리는 일이기도 하다. 외로움과 소외는 극도로 개인주의화된 결과로 나타나지만, 우리가 이렇게 서로 속해 있고, 자신의 삶을 다른 사람들과 나눈다는 것은 아주 귀하고 가치 있는 일이다. 그렇게 잘 훈련된 제자들의 공동체가 되기 위해 헌신하는 것이 교회를 이루는 가장 큰 핵심이다.

우리는 하나님께서 회중을 이루는 각각의 구성원들을 서로에게 귀한 형제자매가 되게 헌신하도록 부르셨다는 것을 말할 수 있어야 하고 또 그렇게 헌신할 필요가 있다. 그리스도인 공동체의 일원의 역할은 서로 함께, 서로를 향해 믿음의 공동체를 위해 진정으로 헌신해야 하는 것을 의미한다. 그러한 헌신이야말로 공동체에 필요한 안전과 친밀감을 제공해 줄 것이다. 당신이 나에게 헌신하고 내가 당신께 헌신한다는 사실을 알므로, 우리는 "사랑으로 진실하게 말할 수 있다"(엡 4:15). 공동체를 이루기 위해 필요한 기술은 많지만 그 중에서 가장 중요한 것은 헌신이다.

그러한 헌신은 내가 속한 믿음의 공동체의 다른 지체들로부터 도움을 받을 수도 있고 또 내가 도움을 줄 수도 있다는 사실에 동의하는 것을 의미한다. 이것은 우리가 살아가는 문화 속에 횡행하는 "내가 무엇을 해야 하는지 말해 주는 사람이 아무도 없어!"라는 외침을 단번에 날려 버린다. 불복종과 반항은 공동체를 파괴할 수 있다. 이러한 것들은 우리 서구 문

　　　　반석 위에 세우리라

화의 여러 가지 영적인 상태를 좌지우지하고 있는 것이기도 하다. 공동체를 함께 세우기 시작함에 있어서 우리는 서로 돕기 위한 열린 자세가 얼마나 중요한지 다른 사람들과 함께 나눌 필요가 있다.

그리스도의 몸을 이루고 있는 나의 동료들이 나의 영적인 건강에 아주 해로운 뭔가가 있다고 경고를 한다면, 나는 그것이 무엇인지 주의할 필요가 있다(갈 6:1). 만약 그들이 생각하기에 나의 행동이 예수님과의 관계를 위험에 빠뜨리고 있다면, 나는 그들의 조언을 심각하게 들어야 할 것이다. 이것은 다른 말로 상호 책임^{accountability}이라 한다. 한 명의 신자로서 나의 불복종은 나 자신에게만 영향을 미치는 것이 아니라 내가 속한 교회의 회중과 그리스도의 목적에도 영향을 미치게 된다.

방송 매체를 통해 알려진 어떤 목회자들의 부끄러운 행동은 단순히 그들의 삶을 드러내는 것으로 그치지 않는다. 그들의 행동은 그리스도인의 모든 사역에 영향을 끼친다. 기독교 신앙의 평판은 점점 더 나빠지고 더러워졌다. 이는 그리스도인들의 서로에 대한 책임감이 절실히 필요하다는 것을 의미한다. 나의 생활이 지역 교회와 그리스도의 목적에 영향을 미치기 때문에 나는 나의 행동에 책임을 져야 한다. 책임은 내가 교회의 한 지체로서 보여줄 수 있는 사랑과 헌신의 아주 중요한 부분이다.

건물로 지어진다는 것은 단순히 돌무더기를 쌓는 것이 아니다. 그것은 각각의 돌들의 서로에 대한 사랑의 헌신, 책임과 더불어 시작된다. 이것은 우리 메노나이트 교회의 비전의 또다른 특징이라 할 수 있다. 우리는 서로를 사랑하고 헌신하도록 부름을 받은 언약의 백성이다. 우리는 이러한 삶의 헌신을 주의 만찬을 통해 날마다 새롭게 기린다. 예수 그리스도의 현존과 우리를 구원하시기 위해 그가 흘리신 피의 희생을 기억함으로 우리는 서로에 대한 사랑과 일치를 재확인한다. 우리는 '살아 있는 돌들로서 신령한 집으로 세워지고 있는'(벧전 2:5) 존재다.

다섯 번째 머릿돌

21세기를 사는 우리는 교회에 관한 두 가지 다른 관점 앞에 서있다. 어떤 사람들은 교회를 '영적인 장소'로 이해한다. 그래서 교회를 마치 개인의 다양한 흥미를 만족시키기 위해 완벽한 서비스를 제공하는 기관이나 바자회 프로그램을 하는 백화점 정도로 이해한다. 또 어떤 사람들은 교회를 '헌신된 공동체'로 본다. 아나뱁티스트-메노나이트들은 대부분이 두 번째 사람들의 관점을 따른다. 그러나 교회는 언약의 공동체로서 그렇게 환영을 받지 못하고 있다. 그러므로 우리가 그리스도인으로서 늘 새롭게 헌신하지 않는다면 우리는 유행하는 사상들과 세상 풍조에 곧 쓸려나갈 수밖에 없을 것이다.

성령은 우리의 비전이 새롭게 쇄신되기를 원하신다. 우리는 아주 역동적인 믿음의 공동체들을 세우는데 중요한 부분이 될 수 있다! 이러한 회중들의 특징은 바로 신뢰와 확신의 관계이다. 신뢰는 사랑으로 진리를 말하는 곳에서 커져 간다. 헌신이 살아 있고 그 깊이가 충분하다면 강압적인 권위는 불필요하다. 헌신이 무너질 때 전통들이 이를 대신하여 들어서게 되고, 이들은 얼마간 지속되다 사라질 뿐이다. 그러나 참된 공동체

                                          반석 위에 세우리라

는 열려 있고, 늘 환영하는 관계라는 것이 특징이다. 우리는 신자로서 교회의 본질에 대한 공통의 확신을 나누고 있다.

우리는 하나님과 형제자매들에 대한 사랑의 책임을 느끼고 자발적으로 헌신된 제자들의 공동체로서 교회를 이해할 때, 비로소 교회를 향한 예수의 비전에 더 가까워질 수 있다. 우리는 서로에게 형제자매이기를 원하시는 하나님의 목적을 이루고자 하는 소망이 있음을 확신한다. **교회는 사랑 어린 책임의 공동체다.**

토론을 위한 질문

1. 신자들 개인으로서의 모임이 진정한 믿음의 공동체가 되기 위해서는 어떠한 헌신이 필요한가?

2. 믿음의 공동체 안에서 서로에게 상담과 도움을 주고받기 위해 헌신해야 할 부분은 무엇인가?

3. 교회를 '영감을 주는 장소'와 '헌신된 공동체'로 보는 두 관점에는 무슨 차이가 있는가?

4. 교인 상호간의 사랑 어린 책임의 관계로 자라기 위해 우리 교회가 할 수 있는 것은 무엇인가?

반석 위에 세우리라

권위의 모델

진정한 대안
공동체
말씀의 공동체
섬기는 지도자들이 있는 공동체
섬기는 지도자들의 공동체
대안적 권위
제자들의 공동체
사랑으로 헌신하는 공동체
사랑으로 서로 책임지는 공동체
자발적인 제자도
최우선적인

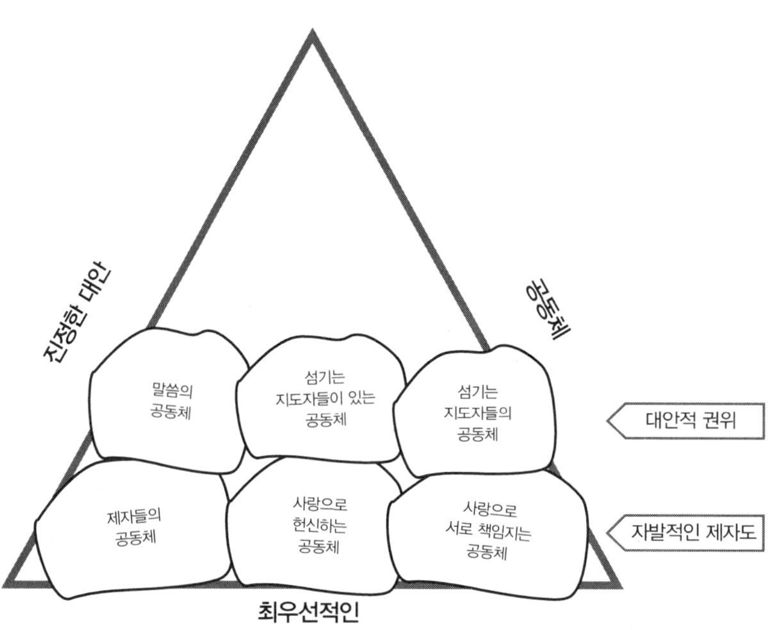

제6장 누구의 청사진인가?

그러므로 누구든지 나의 이 말을 듣고 행하는 자는 그 집을 반석 위에 지은 지혜로운 사람 같으리니 비가 내리고 창수가 나고 바람이 불어 그 집에 부딪치되 무너지지 아니하나니 이는 주추를 반석 위에 놓은 까닭이요 나의 이 말을 듣고 행하지 아니하는 자는 그 집을 모래 위에 지은 어리석은 사람 같으리니 비가 내리고 창수가 나고 바람이 불어 그 집에 부딪치매 무너져 그 무너짐이 심하니라 예수께서 이 말씀을 마치시매 무리들이 그의 가르치심에 놀라니 이는 그 가르치시는 것이 권위 있는 자와 같고 그들의 서기관들과 같지 아니함일러라(마 7:24-29)

 반석 위에 세우리라

청사진 이해하기

정면도: 대 건축가의 작품

먼저 알 것은 성경의 모든 예언은 사사로이 풀 것이 아니니 예언은 언제든지 사람의 뜻으로 낸 것이 아니요 오직 성령의 감동하심을 받은 사람들이 하나님께 받아 말한 것임이라(벧후 1:20-21)

측면도: 적절한 건물을 위한 지시 사항들

모든 성경은 하나님의 감동으로 된 것으로 교훈과 책망과 바르게 함과 의로 교육하기에 유익하니 이는 하나님의 사람으로 온전하게 하며 모든 선한 일을 행할 능력을 갖추게 하려 함이라(딤후 3:16-17)

평면도: 건물에 대한 정확한 표현

베뢰아에 있는 사람들은 데살로니가에 있는 사람들보다 더 너그러워서 간절한 마음으로 말씀을 받고 이것이 그러한가 하여 날마다 성경을 상고하므로 그 중에 믿는 사람이 많고 또 헬라의 귀부인과 남자가 적지 아니하나(행 17:11-12)

청사진에 의한 건물

나는 전에 목회한 교회에서 삶의 문제로 고민하는 분을 만나 상담한 적이 있다. 나는 상담하기 전에 함께 기도하고 시작할 수 있는지를 물었다. 나는 기도 중에 그녀가 어느 청사진을 써야 할지 건축가와 논쟁하는 모습을 보았다. 건축가는 자기가 원하는 청사진을 보여 주었지만 그녀는 다른 청사진을 원했다. 기도 중에 보았던 이미지를 내가 그대로 말하자 그녀는 울기 시작했다. 그리고 그것이 자신의 신앙생활 모습을 그대로 보여 주는 것이라고 말했다. 그녀는 자신의 갈등 상황을 이야기했고 자기 의지를 주님께 복종시켰다. 그리고 그녀는 평화를 되찾았다.

믿음의 공동체를 세우는 데 있어서도 이와 같은 문제는 참 중요하다. 문제는 "누구의 청사진을 이용할 것인가?" 라는 것이다. 이러한 비전에 이르기 위한 단계에서 성경의 역할은 매우 중요하다. 그것은 요즈음 문제 시되는 권위에 대한 질문이기도 하다. 개인주의 시대를 살아가는 우리에게 누가 무엇을 하라고 말하는 것을 우리는 결코 좋아하지 않는다.

나는 아이들을 양육하면서 아주 재미있는 사실을 발견했다. 어린아이들이 순종하고 싶지 않을 때면 부모가 아무리 분명하게 이야기해도 아이들은 그것을 이해하지 못한다. 그러나 아이들에게는 부모에게 순종하거나 부모님을 좋아한다면 아무리 복잡한 상황에서도 무엇을 해야 할지 아주 분명하게 이해하는 놀라운 능력이 있다. 나는 이로부터 순종하고자 하는 마음이 있으면 곧 이해하는 능력으로 직결된다고 결론지을 수 있었다.

반석 위에 세우리라

금세기의 교회들이 성경의 역할이 무엇인지에 대해 조사한다면 여러 가지 견해차로 말미암은 실제적인 논쟁을 피할 수 없을 것이다. 지금까지 성경의 영감 및 권위에 대한 질문은 항상 뜨거운 논쟁거리였다. 우리 모두가 대건축가가 만들어 놓은 놀라운 청사진들을 확신할 수 없다면 그러한 논쟁들은 본질을 흐리게 할 것이다. 사실 성경을 정통[orthodox]으로 이해한다 할지라도 그것이 우리에게 성경 말씀에 순종할 수 있게 보증해 주지는 않는다.

종교개혁의 근본 원칙은 성경을 올바로 강론하면 사람들이 변화하리라는 것이었고, 그 결과 성경에 대한 올바른 이해가 무엇인지를 강조하게 되었다. 말씀을 강론하는 것이 개신교 예배의 중심이 되었다. 교리적 가르침이 기독교 교육의 중심에 자리 잡았다. 신조[Creedal statement]는 정통성이 무엇인지를 시험하는 것이 되었다. 교인이 되기 위해서는 적절한 교리 문답 교육이 선행되어야 했다.

그러나 교회가 이렇게 된 배경에는 정통 교리만 잘 이해하면 올바른 삶을 살 수 있다는 가정이 깔려 있다. 적절한 가르침이 중요한 것은 사실이지만 그 이면에는 기본적인 결함이 있었다. 그리고 이러한 결함은 지나간 많은 세월 동안 우리 삶에 당연한 것으로 깊이 자리 잡았다. 순종하는 마음이 없는 상태에서 (정통 교리만을) 올바로 이해하는 것은 우리를 바른 삶으로 인도하지 못한다. 그것은 오히려 우리 아이들처럼 온갖 종류의 이유를 들어 합리화시키고, 성경구절에서도 듣고 싶은 말만 들으려고 하는 약삭빠른 태도를 갖게 만든다. (성경을) 잘 이해한다고 해서 항상 올바른 삶을 사는 것은 아니다(약 4:17).

나는 성경을 공부하면서도 그 말씀이 뜻하는 바는 순종치 않고, 성경 공부 자체에만 몰두하는 사람들에 대해 회의적으로 묻지 않을 수 없다. 두렵지만 이것은 사실이며 보수주의자들에게나 자유주의자들에게나 모두 해당된다. 성경 말씀이 주는 영감에 대해 '정통적인' 입장에서 가르치는 사람들이나 성경을 '자유주의적' 관점에서 잘못 해석하고 가르치는 사람들이나 별로 다를 바 없다. 예를 들면 어떤 사람은 성경의 보수주의적인 관점에서 전쟁의 정당성을 변호하는가 하면 자유주의적인 관점에 있는 사람은 낙태를 해도 되는 것으로 합리화한다.

이러한 두 극단의 미로 속에서도 재세례신자들은 전통적으로 다른 것을 강조해왔다. 그것은 재세례신자들이 '올바른 이해'를 강조하고 만족해하기보다는 늘 '올바른 삶'을 더 강조해 왔다는 사실이다. 그들이 주장하는 성경 말씀은 순종을 바라는 직접적인 가르침이었으며 그것은 하나님의 도우심으로 언제나 실천 가능한 이상이었다. 이들에게는 성경을 바르게 해석하고 삶에 적용하는 것이 성경의 영감과 무오성을 따지는 것보다 더 중요했다. 문제는 "우리가 무엇을 믿는가?"라는 것에 있지 않았다. 물론 이 질문이 중요하긴 하지만 이 질문 자체로서는 아무 의미가 없다. 그보다 더 중요한 것은 "우리가 믿는 것을 어떻게 적용하며 살아갈 것인가?"라는 것이다. 성경은 우리가 그런 삶을 살 수 있도록 돕기 위해 청사진 역할을 한다.

재세례신자들에게 있어 설교는 한 사람이 모든 답을 알고 나머지 사

　　　　　　　　　　　　　반석 위에 세우리라

람들에게 알려주는 그런 것이 아니다. 그것은 오히려 믿음의 공동체가 성경을 신실하게 해석하고 적용하는 것을 선포하는 것이다. 따라서 회중은 설교자의 메시지를 시험해야만 한다(행 17:11, 고전 14:29). 그런 믿음의 공동체는 또한 어떻게 살 것인가 하는 삶의 방법을 찾기 위해 성경을 중심으로 소그룹을 이룬다. 소그룹에서 사람들은 성경을 삶에 적용할 수 있도록 성령님의 인도를 구하고, 토론하고, 기도한다. 많은 사람들이 함께 모인 자리에서는 예수 그리스도에 대한 신실함을 삶 속에서 어떻게 고백하는지에 대한(조직신학이나 신조라기보다는) 신앙 고백을 작성하기도 한다.

예수님은 "누구든지 나의 이 말을 듣고 행하는 자는 그 집을 반석 위에 지은 지혜로운 사람 같으리니"(마 7:24)라는 말씀 하셨다. 예수님의 삶과 가르침은 그리스도인들의 삶을 위한 가장 분명한 모델이다. 예수님의 가르침은 성경 전체의 목적과 의미를 잘 정리해 주셨다. 예수 그리스도는 구약을 성취하신 분이시다(요 1:16-17, 히 1:1-4). 그런 까닭에 예수님의 삶과 가르침, 구원 사역은 구약의 명령과 설명보다도 궁극적으로 우선한다. 신약의 나머지 부분도 결국은 예수님 사역을 반영하는 것이며, 새로운 환경에 있어서 어떻게 그것을 적용할 것인가를 반영한다. 이렇게 성경 해석의 원칙을 그리스도 중심^{Christ-centered}으로 하는 것이 성경의 권위에 대한 재세례신앙의 기본적인 입장이다.

성경은 하나님의 백성이 실천할 수 있는 가치 체계를 위한 하나님의 계획과 의도를 담고 있다. 따라서 모든 성경 말씀은 하나님의 감동으로 쓰였고, 하나님의 사람들을 위해서, 하나님의 사람들에 의해서 기록되었

다. 그러므로 성경은 하나님의 백성들에게 더 없이 편한 것이다. 주변 문
화가 믿음의 공동체인 하나님의 백성들에게 가치 체계를 요구하지는 못
한다. 오히려 성경 말씀이 우리의 순종의 형태와 바람직한 문화를 규정하
고 새롭게 한다.

성경 해석에 대한 아주 기본적인 재세례신앙의 원리는 순종이다. 초
기 재세례신자였던 번하르드 로스만^{Bernhard Rothmann}은 "이와 같이 하나님께
서는 우리에게 성경 말씀을 새롭게 부어 주셨다. 그 말씀 안에서 하나님
의 뜻은 우리에게 풍성하게 드러날 것이며, 우리는 그 말씀만을 붙들 것
이다. 만약 우리가 이해하는 바를 늘 부지런히 끊임없이 행하면 우리는
일상생활에서 하나님의 가르침을 점점 더 많이 배우게 될 것이다."라고
말했다.[14] 이것은 성경 말씀 중 우리가 잘 이해하지 못하는 부분이 있음
을 의미하기도 한다. 그러나 만약 우리가 이해하는 말씀에 순종하기 시
작한다면 하나님께서는 우리가 더 잘 이해 할 수 있도록 도와주실 것이다
(요 7:17).

우리가 하나님의 말씀에 순종할 생각이 없다면, 그 어떤 올바른 신학
적 설명도 교회에 이익이 되지 못할 것이다. 그와는 반대로 우리가 성경
의 기본적인 진리에 대해 순종하면 우리는 그 말씀하심의 의미와 목적을
더 잘 이해하게 될 것이다. 이것은 나의 삶에 있어서 아주 중요한 순간을
맞이하게 했고 아주 분명한 모습으로 다가왔다. 그것은 "범사에 감사하
라. 이는 그리스도 예수 안에서 너희를 향하신 하나님의 뜻이니라"(살전
5:18)라는 아주 단순한 훈계의 성경 말씀을 기꺼이 따르는 것과 더불어

　　　　　　　　　　　　반석 위에 세우리라

시작되었다.

내가 기꺼이 감사하는 삶으로 태도로 바꾸자 우선 나의 부정적인 태도가 바뀌었다. 그것은 내가 때때로 못 믿겠다고 말하는 습관을 사라지게 만들었다. 그러나 더 실제적인 변화는 나중에 나타났다. 내가 아주 중대한 문제로 씨름하고 기도하던 그 때, 한 친구가 내게 이렇게 물었다. "부모님들이 돌아가신 후에 감사할 수 있었느냐?" 사실 나의 부모님은 일찍 돌아가셨다. 아버지는 내가 열두 살 때, 어머니는 내가 열여덟 살 때 돌아가셨다.

내가 하나님의 말씀에 순종하고 고통스러운 순간에도 하나님께 감사했을 때, 내 눈에는 치유의 눈물이 흘러내렸다. 나는 감사가 믿음과 치유의 문을 연다는 사실을 발견했다. 고통과 상실이 하나님의 사랑에 대한 걸림돌이 되기보다는 오히려 감사함으로 인해 고통과 상실을 넘어선 하나님의 사랑을 신뢰하기 시작했다. 그 결과 나는 하나님의 그 신선하고도 오묘한 진리의 말씀을 지식적으로 뿐 아니라 마음으로까지도 이해할 수 있었다. 전에는 그 말씀이 너무 어려워 다룰 수 없는 명령으로만 들렸던 것이 이제는 실제로 치유에 이르는 사랑의 문으로 다가왔다. 그리스도께 단순히 순종하는 삶은 우리를 깊은 이해와 온전한 말씀의 세계로 인도한다. 결국 우리에게 성경을 주신 목적은 그 말씀대로 살아야 하는 것을 의미한 것이다.

여섯 번째 머릿돌

메노나이트들은 전통적으로 '성경적 비순응주의'biblical nonconformity라는 입장을 지켜왔다. 이것은 그리스도인으로서 가치 체계를 주변 문화로부터가 아닌, 그리스도의 말씀과 가르침, 삶의 모범에서 찾으려는 것을 의미한다. 성경적 가치의 영향을 받은 문화에서는 교회와 문화 사이에는 별로 큰 차이가 없는 것 같다. 그럼에도 불구하고 우리는 항상 주의하고 "모든 것을 시험해야 한다!"(살전 5:21) 반대로 성경의 가치가 반영되지 않는 문화에서라면 교회는 분명히 궁극적인 대안이 되는 공동체alternative community다. 물론 이러한 성경적이고 대안적인 공동체를 유지해 나간다는 것은 쉬운 일이 아니다.

우리는 과거에 스스로를 다른 가치체계로부터 멀리하고 분리시키고자 하는 유혹들을 뿌리치지 못했다. 그래서 '그런 가치 체계들에 접촉하지 않는 한 우리는 그러한 것들로부터 유혹을 받지 않을 것'이라고 생각했다. 그러나 그런 방법으로는 세상에 접근할 수 없다. 하나님께서도 그런 방법을 사용하지 않으셨다. 오히려 하나님은 온 세상을 사랑하셨다(요 3:16). 반대로 우리 주변의 사회에 무조건적으로 순응하는 것은 또 다른 유혹이었다. 이것은 복음을 온전하고 총체적으로 증거하지 못하게 한다. 교회는 역사 속에서 이러한 유혹의 도랑에 빠질 때가 많이 있었다. 그럼에도 불구하고, 교회의 본질에 대한 아나뱁티스트-메노나이트들이 근본적으로 확신하는 바는 다음과 같다.

우리는 예수님의 삶과 가르침이 드러난 성경 말씀을 따르고 순종할 때, 비로소 예수님의 교회를 향한 비전에 더 가까워질 수 있다. 하나님 나라의 권위는 대안적 가치 체계에 헌신한 믿음의 공동체를 통해 드러난다. 따라서 **교회는 말씀 공동체다.**

이것은 교회에 대한 예수님의 비전의 또 다른 특징이다. 이러한 특징의 회중들은 성경 말씀을 함께 읽고 함께 해석한다. 우리는 모든 지체가 서로 도와 성경을 배우는 학생이 되길 원한다. 이에 대한 상징으로 예배 때 성경책을 펼쳐서 회중 앞에 놓아두기도 한다. 성경 공부는 우리가 예수 그리스도를 따라 살겠다는 헌신의 표시이기도 하다. 다음의 표어는 이러한 것을 잘 나타내 주고 있다. "예수 그리스도를 진실로 아는 사람은 성경 말씀에 순종함으로 그분을 따른다."

토론을 위한 질문

1. 말씀에 순종하는 삶이 그 말씀을 바르게 이해하는 것과 직결된다는 것에 동의하는가?

2. 정통 교리를 알면 정통의 삶을 살 것이라는 가정은 무엇이 잘못되었는가?

3. 우리 교회에서는 성경이 가치 체계의 기준 역할을 다 하고 있다고 생각하는가? 아니면 신자들은 주위의 문화로부터 더 많은 영향을 받고 있는가?

4. 성경 말씀의 청사진을 근거로 교인들의 삶을 건축하기 위해 우리 교회는 지체들을 어떻게 돕고 있는가?

제7장 계약자들이란 어떤 사람들인가?

또 그들 사이에 그 중 누가 크냐 하는 다툼이 난지라 예수께서 이르시되 이방인의 임금들은 그들을 주관하며 그 집권자들은 은인이라 칭함을 받으나 너희는 그렇지 않을지니 너희 중에 큰 자는 젊은 자와 같고 다스리는 자는 섬기는 자와 같을지니라 앉아서 먹는 자가 크냐 섬기는 자가 크냐 앉아서 먹는 자가 아니냐 그러나 나는 섬기는 자로 너희 중에 있노라 너희는 나의 모든 시험 중에 항상 나와 함께 한 자들인즉 내 아버지께서 나라를 내게 맡기신 것 같이 나도 너희에게 맡겨 너희로 내 나라에 있어 내 상에서 먹고 마시며 또는 보좌에 앉아 이스라엘 열두 지파를 다스리게 하려 하노라(눅 22:24-30)

계약자 선정하기

계약자 1: 마이클 새틀러^{Michael Sattler}
초기 재세례신앙 지도자, 1527

우리는 하나님의 교회의 목자들에 대하여 다음과 같은 일치된 견해를 갖고 있다. 교회의 목자는 말씀을 읽고 형제자매들을 격려하며, 가르치고 훈계하며 징계하고, 지체들과 함께 기도하고, 떡을 떼며 그리스도의 몸 된 교회를 잘 돌볼 수 있도록 모든 일을 올바로 행함으로 교회를 세우고 발전시키는 사람들이다. 그렇게 함으로 하나님의 이름이 우리를 통해 찬양받고 영광을 받으시도록 하는 사람들이다. [15]

계약자 2: 한스 호쯔^{Hans Hotz}
초기 재세례신앙 설교가, 1538

우리는 말씀을 전파하는 사역에 대한 부르심과 소명에 있어서 다음과 같이 답변한다. 그리스도인의 공동체는 …… 복음을 선포하도록 그들을 보낼 권위가 있다. 그러나 그리스도인이 설교할 수 있기 전에 먼저 삶의 변화와 향상 그리고 거듭남이 선행되어야 한다. 만약 그 사람에게서 덕목들이 발견된다면 그리스도께서 제자들을 따라오라고 부르셨던 것처럼 그에게 직무를 임명할 수 있다. …… 그런 후라야 그리스도께서는 제자들을 보내시어 복된 소식을 전파하라고 하셨다. [16]

계약자 3: 피터 리드만^{Peter Riedemann}
초기 후터라이트 공동체의 지도자, 1542

만약 교회가 진정한 필요에 의해서 한 명 혹은 그 이상의 목회자들을 필요로 한다면, 교회는 회중이 기쁘게 생각하는 사람들을 선출해서는 안 된다. 오히려 주께서 어떤 사람을 선택하고 보여 주시는지 기다려야 한다. 그렇기 때문에 회중들은 하나님께서 그들을 돌보시고, 그들의 필요를 채우시며, 하나님의 사역을 위해 직접 선택한 사람들을 보여 주실 것을 끊임없이 진정으로 기도하고 구해야 한다. …… 교회 전체가 인정한 선한 삶과 행실에 있어 그것이 자연스럽게 증명되고 드러나지 않는다면 어느 누구도 그런 목자의 직책을 부여받을 수 없다.[17]

누가 지도자를 선택하는가?

예수님의 청사진에 따라 교회를 세워 나갈 때, 우리는 권위에 관한 두 번째 결정적인 질문을 하지 않을 수 없다. "그러면 누가 지도자를 선택할 것인가?" 건물을 짓기 위해 건축 계약자를 선정하는 일이 중요한 것처럼 교회의 회중이 지도자를 결정하는 것은 대단히 중요하다. 건축업자를 선정하는 경우 어떤 사람들은 가장 낮은 금액을 제시한 사람을 선택한다. 또 어떤 사람들은 그들의 재산 규모와 건축 규모에 따라 혹은 일을 잘한다는 평판에 의해 계약자들을 선택하기도 한다. 회중의 지도자들을 선출

하는 문제는 아주 중추적인 핵심 사안임에 틀림없다.

나는 언젠가 목회를 메노나이트 교회에서 하고 싶어 하는 어떤 젊은 이를 만난 적이 있다. 그는 다른 교단에서 부목사로서 일했던 자신의 경험을 들려주었다. 그 교회는 담임 목사의 간음으로 급히 쇠퇴하였다고 했다. 그런데 이런 문제를 교회 차원에서 회중들에게 이야기할 수 없도록 한 교단의 규정 때문에 그 비극은 더욱 복잡하게 되었다. 그들에게 지도자들이란 하나님께서만 책임의식이 있었다. 그 교회는 그 목사를 하나님께서 훈계하시고 옮겨 주신 것을 기도하고 기다리는 수밖에 없있다. 한편 이러한 와중에도 그의 잘못된 행실은 계속되었고 어느 누구도 그런 목사에게 회개를 요청하지 못했다. 이러한 문제가 대부분의 교단에서 발생하는 것은 아니다. 하지만 이것은 많은 교회들이 공통으로 붙들고 있는 잘못된 견해, 즉 교회의 전체 회중에 지도력과 권위가 있음에도 불구하고 목사들은 아주 특별한 엘리트로 선택받았기에 어느 누구도 그의 일에 간섭할 수 없다는 견해를 보여 준 일이라 할 수 있다. 이러한 방식으로 접근한다면 회중들에게는 자신들의 건축주들을 선택할 권한이 없다.

어떤 교단에서는 지역을 담당하는 노회의 목회자들이 회중의 지도자들을 임명한다. 어떤 교회는 목사가 자신이 섬기는 교회의 '회원'은 될 수 없다고 규정해 놓는다. 이러한 교단에 있어서 권위란 거의 계층적인 구조에 가깝다. 보다 큰 지역을 담당하는 목회자들이 지역 교회의 지도자를 선택한다. 그것은 "건설업자로 하여금 계약자를 선정하도록 하라."고 말하는 것이다.

   반석 위에 세우리라

그러나 어떤 교단에서는 여전히 교회의 지도자를 회중이 세운다. 이 경우 각각의 회중에게는 자신들의 지도자를 세울 자유가 있다. 그들은 외부에서 목회자를 초청해서 설교를 들으며, 청빙 위원회나 혹은 다른 여러 종류의 시스템을 바른 지도자를 세우기 위해 사용한다. 올바른 목회자를 세우기 위해 지도자의 은사를 중시하기도 하고 때로는 설교와 첫인상에 의존하기도 한다. 그러나 대개는 그 목회자의 생활과 행동 양식에 대해서는 잘 모른다. 이러한 교단은 회중이 갖는 권위라는 관점을 견지하고 있다. 비록 권위를 계층적으로 이해하는 관점과는 많이 다르지만, 여전히 회중 밖에서 목회자를 찾는다는 점에서는 비슷하다. 그들은 "건물을 살 사람이 계약자를 선정하도록 하라."고 말하는 것이다.

지도력과 권위의 문제에 대해 아주 극단적인 모습을 띄는 몇몇 교단들도 있다. 그들에게는 특별히 정해진 지도하는 목회자가 없다. 그것은 필요하지도 요구되지도 않는다. 그러한 전통을 가지는 교회에서 유일한 지도자는 그리스도뿐이다. 예수님만을 위한 자리에 다른 어떤 사람도 들어설 수 없다. 책임을 저야 하는 일들과 위치는 대개 순번을 맡아 담당하게 되는데, 따라서 어느 누구도 으뜸이 되는 지도자가 될 수가 없다. 이렇게 하는 이유는 그리스도 외에 아무도 교회를 이끌 수 없게 하기 위함이다. 훨씬 더 유기체적이고 눈에 띄지 않는 지도력이기는 하나 실은 여기에도 지도력은 여전히 존재한다. 이러한 관점은 공동체적communal 권위라 불리기도 한다. 그들은 "건물을 매입할 사람으로 하여금 계약자가 되게 하라."고 말하는 것이다.

수직적인 형태의 리더쉽은 독점적이고 통제적으로 될 위험이 있다. 한편 공동체적 권위의 형태는 보이지 않는 통제와 정체됨을 초래할 위험이 있다. 역사적으로 교회는 이러한 두 가지의 극단적인 형태 사이에서 균형을 찾고자 하였다. 예수님은 특별히 하나님 나라의 권위는 사람 위에 '군림하기' 위한 것이 아니며 은인(恩人)이라고 칭함을 받지도 말라고 말씀하셨다(눅 22:26). 그렇다고 해서 예수님은 지도자로서의 은사가 없을 것이라고 말씀하시지 않으셨다. 다만 각각의 몸 된 그의 지체들이 소중하다는 것을 분명히 하셨다(고린도전서 12장을 비교해 볼 것). 지도자로 선발된 정예원은 없다. "너희 중에 큰 자는 젊은 자와 같고 다스리는 자는 섬기는 자와 같을지니라"(눅 22:26)

일반적으로 로마 가톨릭 전통에서 생겨난 교단들은 계층적인 경향을 보이고 있다. 회중은 자신들의 목회자를 직접 뽑지 않는다. 목회자는 회중을 위해 다른 사람들에 의해 세워진다. 목회자들은 회중보다 좀 더 수준 높은 영성을 소유하는 것으로 여겨진다. 회중 교회를 이루는 주류 교단들에서조차도 목사들은 교회 바깥에서 선택되어 들이는 경우가 있다. 목회자를 세우는 문제에 있어서 메노나이트 교회는 회중 교회로 볼 수 있지만 전통적으로 교회 지도자들을 교회 바깥이 아니라 회중 안에서 세워왔다. 그러나 사역을 위해 특별히 훈련된 사람들이 필요하다고 생각한 지난 20세기부터는 메노나이트 교회도 조금씩 개신교의 모델을 따르기 시작했다.

그러나 재세례신앙 운동이 시작된 초기에는 목사들이 회중 가운데서 세워졌다. 만약 목사들이 순교하거나 투옥된다면, 회중들은 그를 대신할 다른 사람을 가능한 한 빨리 세워야 했고, 좀 더 정확하게 표현하자면 '목사들이 순교를 당하거나 투옥된 바로 그 시간에' 새로운 목사를 세웠다고 1527년에 제정된 슐라이트하임 신앙고백^{Schleitheim Confession}은 말해 주고 있다. 그들은 지도자를 선출함에 있어 그리스도인의 삶의 모범이 되며 증인이 되는지를 기준으로 삼았다(히 13:7). 그러면서도 지도자들은 항상 회중의 다른 지체들과 다를 바 없는 동일한 제자로 인식되었다. 아나뱁티스트-메노나이트의 전통에 따르면 목사들이라고 해서 영적으로 우위를 점하는 것은 아니다.

결과적으로 목사들에게는 다른 차원의 권위가 주어졌다. 대부분의 교단들이 일정한 교육과 훈련을 마친 사람들에게 은사에 기초해 권위를 부여한 반면, 아나뱁티스트 전통은 은사에 앞서 성품과 인격을 더 중요하게 여겼다(딤전 3장). 따라서 아나뱁티스트-메노나이트들에게는 권위가 먼저 주어지고 후에 직위가 부여되는 것이다. 하나님께서 그를 부르신다는 것을 지도자가 스스로 인정하기 이전에 모든 회중이 그 사실을 이미 다 알게 되는 것이다. 그 지도자는 섬기는 종으로서 그리스도 곁에 서 있어야 하며 그분을 따르는 사람이어야만 한다(눅 22:26-28). 그러나 이러한 양상이 변하면서 회중들은 목사를 교회 밖에서 찾기 시작했다. 그 결과 교인들은 새로 온 목사의 삶이 어떠한지 충분히 알기 전에는 아직 그를 따를 준비가 되어 있지 않은데, 목사가 교인들을 이끌어 가려고 할 때 아픔과 오해가 뒤따르기도 했다.

한편 회중은 마치 일꾼을 고용하듯 목사를 고용하는 역할을 하기 시작했다. 그러나 제자들이 예수님을 고용한 것은 결코 아니었다. 그들은 대신 예수님께 헌신을 다짐했고 어떻게 살아가야 할지를 배웠다. 마찬가지로 회중은 그들이 목사를 어떻게 따르느냐에 따라 그가 자신의 직무를 기쁨으로 감당하게 할 수도 있고 아니면 그것이 짐이 되게 할 수도 있다 (히 13:17). 회중은 목사들에게 조언을 할 수 있어야 하며, 목회자 또한 회중들의 그러한 의견을 충분히 듣고 대화를 나눌 수 있도록 마음을 열어 놓아야 한다. 그러나 회중 또한 목사들에게 순종하고 인도받기 위해 마음을 열어야 한다는 것을 잊어서는 안 된다. 교회의 회중은 단순히 목사라는 노무자들을 두고 있는 경영진이 아니다.

그러면 회중을 위해 지도자를 선택하는 일을 어떻게 이해해야만 하는가? 내가 첫 번째로 목회했던 교회는 아주 특별한 은사를 부여해 주었다. 그것은 이전에 경험해 보지 못한 장점을 인식하고 관심을 갖게 함으로써 목사로서의 정체성을 올바로 심어 주었다. 목사로서의 자격을 인정받은 지 2년 후 나는 마침내 목사 안수를 위한 인터뷰를 하게 되었다. 목사 안수를 받기 위해서 꼭 거치는 과정 중 하나는 노회의 목사conference minister가 우리 교회의 회중들로 하여금 목사로서의 나의 할 일에 대한 설명서job description를 작성하게 하는 것이었다.

몇 주 동안의 성경 공부 후에 이 일을 맡은 위원회는 목사로서 내가 할 일에 대한 성명서statement를 작성했다. 지금 내가 그 내용의 전부를 기억하지는 못하지만, 분명하게 기억하는 한 문장이 있다. "우리 교회가 목사에게 봉급을 주는 것은 우리가 그를 목회자라는 상품으로 사는 것이 아니라, 한 형제가 자신의 가족을 부양하기 위해 부수적인 일을 해야만 하는 부담에서 그 형제를 자유롭게 하여 그 자신이 하나님의 사역에 전념할 수 있도록 하기 위함이다." 그들이 그 성명서에 써넣고자 했던 것은 회중과 목사 사이에 세워진 언약으로써 서로 돕고 교회를 세워 나가야 한다는 협력에 대한 의미였다(고전 9장, 갈 6:6을 참고할 것).

회중과 지도자 사이에 세워진 언약으로써 목사가 행하게 되는 목회라는 개념은 젊은 목사였던 나에게 아주 큰 선물이 되었다. 그 선물은 여러 가지로 중요한 의미가 있었다. 첫째, 목자의 마음은 결코 무엇으로도 살 수 없는 것임을 서로에게 확인시켜 주었다. 회중은 나를 고용한 것이 아니라 나를 후원한 것이었다. 둘째, 나도 그들과 같은 믿음의 공동체에 속한 형제요 지체임을 상기시켜 주었다.

결국 목회란 내가 다시 교회의 회중에게 돌려주어야 할 선물이었다. 우리의 언약은 사실상 상호 복종과 신뢰에 근거한 것이었다. 회중은 나의 사역을 후원하고 내가 사역하는 동안 하나님에 대한 나의 책임을 다할 수 있도록 나를 붙들어 주는 것이었으며, 나 또한 목회자로서 그들의 목사가 되어 그들이 신앙생활을 하는 동안 하나님에 대한 책임을 질 수 있도록 그들을 붙들어 주는 것을 의미했다.

누가 건물을 지을 건축가들을 선택할 것인가? 사람들에게 지도자의 은사를 주신 하나님의 임재 안에서 회중과 목사는 서로를 선택해야 한다 (엡 4:11).

일곱 번째 머릿돌

공장의 근로자들이 일할 것을 요구하는 고용주의 권위를 거부한다면, 그것을 파업이라고 부른다. 슬프게도 회중도 목회 지도자들을 존중하거나 인정하기를 거부해서 파업할 수 있다. 목사들은 그런 상황에서 회중을 이끌어갈 수 없고, 회중도 그러한 상황을 계속 유지할 수 없을 것이다. 목회적 권위는 효과적으로 인정되어야 한다. 만약 그것을 인정하지 않는다면 결과는 상처와 고통으로 나타날 것이다.

목사들도 자신의 이기심을 위해 권위를 요구하는 경우가 있다(눅 22:24). 그러나 권위를 강요하거나 다른 사람들을 조정하려는 사람은 예수 그리스도의 영이 아닌 다른 영 안에서 움직이는 것이다. 어떤 회중들은 목사들의 난폭한 권위에 너무 상처를 받아서 권위를 전혀 인정하지 않는다. 섬기는 지도자들은 강요와 통제가 아닌 비전과 모범으로써 회중을 인도한다.

이것이 우리 교회의 비전의 핵심이다. 하나님의 말씀을 올바로 이해하기 위해 우리 자신들을 복종시킬 때 하나님 나라의 권위가 우리의 생활을 변화시키는 것처럼, 우리가 종 된 지도자를 존경하고 경의를 표하면서 우리 자신을 복종시킬 때 사랑의 공동체로 자라게 될 것이다. 그러므로 우리는 예수 그리스도의 교회에 대한 다음의 확신을 함께 나눈다.

우리는 회중과 목회자를 서로 신뢰하고 복종하는 언약의 관계로
볼 때 비로소 교회를 향한 예수의 비전에 더 가까워질 수 있다.

회중과 목회자 사이의 관계는 매력적이며, 서로를 후원하고, 서로를 책임진다는 특징을 가진다. 따라서 **교회는 섬기는 지도자들과 함께 하는 공동체다.**

메노나이트 교회의 비전이 갖는 또 다른 특징은, 회중들이 섬기는 지도자들과의 상호 언약을 통해서 공동체로 인도된다는 것이다. "그리스도를 진정으로 아는 사람들은 그들을 섬기는 지도자들을 존경하고 후원한다."는 표어를 다시 적으면서 이 장을 마친다.

토론을 위한 질문

1. 우리 교회의 가장 최근의 목회자들은 어떻게 세워졌는가? 그들은 회중 바깥에서 청빙되었는가, 아니면 회중 내부에서 세워졌는가?

2. 우리 교회에 만일 봉급 받는 목사가 있다면 나는 그분을 고용하고 있다고 생각하는가? 아니면 후원하고 있다고 생각하는가?

3. 우리 교회의 사역자들은 믿음의 삶에 근거해서 세워졌는가? 아니면 그들의 은사에 의해서 세워졌는가?

4. 우리 교회는 목회 지도자들이 사역을 부담스럽지 않고 기쁘게 감당하게 하기 위해 어떻게 돕고 있는가?

반석 위에 세우리라

제8장 일을 끝마치기

내가 진실로 진실로 너희에게 이르노니 문을 통하여 양의 우리에 들어가지 아니하고 다른 데로 넘어가는 자는 절도며 강도요 문으로 들어가는 이는 양의 목자라 문지기는 그를 위하여 문을 열고 양은 그의 음성을 듣나니 그가 자기 양의 이름을 각각 불러 인도하여 내느니라 자기 양을 다 내놓은 후에 앞서 가면 양들이 그의 음성을 아는 고로 따라오되 타인의 음성은 알지 못하는 고로 타인을 따르지 아니하고 도리어 도망하느니라 예수께서 이 비유로 그들에게 말씀하셨으나 그들은 그가 하신 말씀이 무엇인지 알지 못하니라 그러므로 예수께서 다시 이르시되 내가 진실로 진실로 너희에게 말하노니 나는 양의 문이라 나보다 먼저 온 자는 다 절도요 강도니 양들이 듣지 아니하였느니라 내가 문이니 누구든지 나로 말미암아 들어가면 구원을 받고 또는 들어가며 나오며 꼴을 얻으리라 도둑이 오는 것은 도둑질하고 죽이고 멸망시키려는 것뿐이요 내가 온 것은 양으로 생명을 얻게 하고 더 풍성히 얻게 하려는 것이라(요 10:1-10)

훌륭한 건축가들

건축가의 자질 1: 자신들이 짓고 있는 집을 잘 관리한다.

여러분은 자기를 위하여 또는 온 양 떼를 위하여 삼가라 성령이 그들 가운데 여러분을 감독자로 삼고 하나님이 자기 피로 사신 교회를 보살피게 하셨느니라 내가 떠난 후에 사나운 이리가 여러분에게 들어와서 그 양 떼를 아끼지 아니하며(행 20:28-29)

건축가의 자질 2: 단지 봉급을 위해 일하지 않는다.

너희 중 장로들에게 권하노니 나는 함께 장로 된 자요 그리스도의 고난의 증인이요 나타날 영광에 참여할 자니라 너희 중에 있는 하나님의 양 무리를 치되 억지로 하지 말고 하나님의 뜻을 따라 자원함으로 하며 더러운 이득을 위하여 하지 말고 기꺼이 하며 맡은 자들에게 주장하는 자세를 하지 말고 양 무리의 본이 되라 그리하면 목자장이 나타나실 때에 시들지 아니하는 영광의 관을 얻으리라(벧전 5:1-4)

건축가의 자질 3: 양심적이다.

하나님 앞과 살아 있는 자와 죽은 자를 심판하실 그리스도 예수 앞에서 그가 나타나실 것과 그의 나라를 두고 엄히 명하노니 너는 말씀을 전파하라 때를 얻든지 못 얻든지 항상 힘쓰라 범사에 오래 참음과 가르침으로 경책하며 경계하며 권하라 그러나 너는 모든 일에 신중하여 고난을 받으며 전도자의 일을 하며 네 직무를 다하라(딤후 4:1-2, 5)

일에 착수하기

몇 해 전에 우리 아이들이 다니던 중학교 건물의 확장 공사가 있었을 때의 일이다. 청사진을 통해 공사 계획은 공식화되었고, 보증인도 세워졌고, 공사 계약자도 선정되었다. 그러나 공사는 이런 저런 문제로 인해 자꾸 지연되었다. 그 공사를 맡기로 계약한 회사는 모든 공사 기한을 거의 지키지 못했다. 그 이유는 같은 공사 기간에 또 다른 계약을 체결하여 다른 건물을 짓고 있었기 때문이다. 그 회사에는 두 개의 공사를 벌일 만큼 일꾼이 충분히 없었다. 그런데 다른 곳에서의 공사 계약서에는 기한을 지키지 못하면 위약금을 물어야 한다는 조항이 명시되어 있었다. 공사 지연에 대한 위약금을 물지 않기 위해서 그는 다른 편 공사를 위해 인부들을 총동원했지만 우리 아이들의 중학교 건물 증축 공사에는 거의 자질이 부족한 일꾼들을 고용했다. 그들은 숙련공이 아니었기에 제 날짜에 일을 끝낼 수 없었던 것이다.

예수님께서 교회를 세우실 때는 그 일이 확실히 끝마쳐질 것임을 확신하셨다(마 16:18). 그는 건물을 당신의 계획대로 지을 사람들을 지도자로 선택하신다. 우리는 이미, 하나님의 말씀에 순종할 때 어떻게 하나님 나라의 권위가 개인을 변화시키는지 살펴봤다. 우리는 지도자들과 회중의 사이에 존재하는 언약을 근거로 하나님 나라의 권위가 어떻게 사랑의 공동체를 이루는가도 보았다. 그러나 올바른 청사진을 사용하는 것과 올바른 건축 계약자를 선정하는 것은 여전히 처음부터 우리에게 남겨진 과제이다. 그렇다면 집을 짓는 데 무슨 권위가 필요한 것일까?

건물을 짓는다고 해서 누구든지 아무나 바로 공사장으로 갈 수 있는 것은 아니다. 인부들은 자기가 무슨 일을 할지에 대해 숙련된 사람들이어야 한다. 벽돌공, 목수, 배관공, 전기공 등 모두가 자신의 숙련된 기술을 사용할 수 있는 사람이어야 한다. 마찬가지로 신자 개인이라는 재료를 이용해서 믿음의 공동체를 건설해 나가기 위해서는 사용할 수 있는 특정한 은사가 있는 사람이 필요하다. 아무나 그냥 영적인 건축 현장에 곧바로 나가서 믿음의 공동체를 세울 수는 없다. 그렇다면 그런 일을 할 권위와 책임은 누구에게 있는가? 지금까지 살펴본 대로 그 대답은 아주 명확하다. 바로 목회 지도자들이다.

로마 가톨릭 전통에 있어서 사제들은 전체 회중에 대해 아주 독특한 역할을 갖고 있다. 왜냐하면 오직 사제들만이 성례전을 집전할 권위를 부여받았기 때문이다. 이들에게 미사는 교회를 이루는 가장 중요한 것이며, 사제들만이 그 예식을 거행하도록 되어 있다. 개신교 전통에서는 목사들만이 성경적인 교리를 가르치고 설교할 수 있도록 충분히 훈련받았다고 여기기 때문에 그들만이 그러한 고유한 직무를 담당하도록 되어 있다. 말씀을 전하는 것은 교회에서 가장 중요한 것이며, 실제로 목사들만이 설교를 할 수 있도록 되어 있다.

그러나 이처럼 성례를 집전하는 것도 설교자와 교사로서의 고유한 직무를 대행하는 것도 개인적인 신자들의 모임을 믿음의 공동체로 바꾸어 놓지는 못한다. 아나뱁티스트-메노나이트 전통에 있어서 목회 지도자의 가장 중요한 임무는 신자 개개인들이 믿음의 공동체로 하나가 되도록 돕는 것이다. 교인들은 성령님의 뜻을 분별하며 모든 회중이 하나가 되도록 목회자에게 권위를 부여한다.(행 15:28, 20:28) 목회자가 세례를 주고, 설교하고, 성찬식을 집례하는 동안, 그들은 주요한 일들이 잘 수행되도록 목회 지도자들을 도와 이 믿음의 대안 공동체가 잘 발전하고 제대로 모양을 갖추도록 돕는다. 이것이 그들이 목회와 권위에 대해 갖는 기본적인 이해다.

예수님은 참된 목자^{True Shepherd}가 삯군 목자와 근본적으로 다르다고 말씀하셨다. 왜냐하면 참 목자는 자기 양을 하나하나 잘 알기 때문이다. 양은 목자의 음성을 알아듣기 때문에 그 목자를 따라간다. 다르게 말하면, 목사들에게는 회중 개개인과의 관계에 기초해서 또한 참 목자인 예수 그리스도와의 관계에 기초해서 성도들을 인도할 수 있는 권위가 있다는 것이다(벧전 5:4). 예수님의 비전을 따르는 목사로서 기능을 한다는 것은 성도들과의 개인적 관계를 발전시켜야 함을 의미하는 것이다. 그리함으로써 목사는 회중으로부터의 권위를 자연스럽게 인정받을 수 있다.

예수님은 양 우리를 돌보는 자이기 때문에 그의 '양의 문'^{Gate Shepherd}은 도적이나 강도와는 다르다고 말씀하셨다. 예수님 당시에는 목자들이 양떼를 한밤중에 집으로 데리고 와서 양 우리에 들여야 했다. 여러 양떼들이 우리를 함께 사용했다. 그리고 각 목자들이 순서를 정해 가며 밤새도록 양 문을 지켜야 했다. 그 양 문을 지키는 목자들을 '양의 문'이라고 불렀다. 이것이 예수께서 사용하셨던 이미지이다. 이러한 이미지를 사용함으로써 예수님은 목회 리더들이 믿음의 공동체의 영역을 돌보아야 함을 말씀하고 계신 것이다. 그들은 진정한 신자들이 방황하지 않도록 하는 동시에 신자인 척하는 사람들이 우리에 들어오지 못하도록 해야 한다. 목회 지도자들은 믿음의 공동체의 영역을 잘 돌봄으로써 회중의 신뢰를 얻어야 한다.

예수께서도 양떼를 돌보는 선한 목자는 삯군 목자와 다름을 일러 주셨다. 그는 이리가 올 때 도망가는 목자가 아니다. 그는 위기의 순간에도 신실하게 자신의 임무를 다하기 위해 남아 있는 사람이다. 목사들은 위기의 순간에도 지체들을 신실하게 돌봄으로써 그들로부터 충성스런 신임을 얻는다. 목자의 음성을 듣고 찾아오는 양 떼처럼 신자들과의 개인적인 관계를 통한 권위와 양 우리 곁에서 경계함으로 세워진 신뢰, 그리고 위기의 순간에도 남아서 신실하게 지키는 충성이야말로 예수님을 따르는 종된 지도자임을 말해 주는 표시들이다. 이러한 지도자들은 맡은 일을 잘 끝마칠 수 있다.

그렇지만 목사들에게는 바로 그런 권위가 있기 때문에 그것을 또한 잘못 사용할 수도 있다. 교회에서 일을 하는 목회자들은 올바른 일을 행하는 영적인 지도자들이기 때문에 권위가 잘못 사용되는 일이 없을 것이라고 생각한다면 그것은 아주 순진한 생각이다. 우리가 안전장치들을 만

반석 위에 세우리라

들어 놓을 수도 있겠지만, 우리는 '권력이 권력을 가진 자들을 어떻게 타락시킬 수 있는지'에 대해서 알아야만 한다. 회중은 영적으로 아주 신령한 지도자들조차도 권력과 권위에 미혹되기 쉽다는 것을 이해하고 있어야 한다. 이것이 바로 권위를 가진 사람들을 위해서 우리가 기도해야 하는 중요한 이유이다.

아나뱁티스트-메노나이트 교회들은 전통적으로 공동(팀) 목회를 해 왔다(행 14:23). 그들은 목회자들이 집단을 이루어 사역하는 것이 혼자서 하는 것보다 균형을 더 잘 이루고, 권위의 잘못된 사용을 피할 수 있으며, 틀린 것을 보다 쉽게 발견할 수 있다는 것을 알게 되었다. 목회 지도자가 홀로 일을 한다면 권위를 잘못 사용하거나 왜곡되게 할 소지가 더 많기 때문에 팀을 이루어 안전하게 하는 것이다.

신약성경이 거듭 강조하는 모델도 바로 팀 목회다. 이 목회 지도자들은 신약성경에서 종종 장로들elders이라 불렸다. 그들의 권위는 어떤 개인적인 권위에 근거한 것이라기보다는 집합적인 형태의 권위로 나타난다. 그들은 하나님께 신실하며 팀을 이루어 다른 사람들에게 그들의 일치됨을 보여 줌으로 권위를 발휘한다. 믿음의 공동체를 이루기 위한 하나님 나라의 권위는 목사들이 팀을 이루어 일치되는 모습을 통해 자연스럽게 드러나는 것이다.

그러한 공동 목회적 팀은 믿음의 공동체 안에서 어떻게 서로 복종하는지, 하나님의 사랑이 어떻게 드러나는지 보여 주는 좋은 모델이 된다. 지도자들의 서로 다른 다양성을 어떻게 다루어야 하는지에 대해서도 건강한 모델이 된다. 많은 사람들이 분쟁에 대한 두려움과 서로 다른 모습에서 오는 어려움을 감추는 것으로 분쟁을 피하는 경향이 있다. 이러한 태도는 시간이 지날수록 점점 더 큰 상처와 오해의 결과를 낳는다. 장로들이 서로 다른 모습으로 일을 하는 동안, 온 회중은 어떻게 불일치 속에서조차 연합을 이룰 수 있는지 잘 볼 수 있게 된다.

여덟 번째 머릿돌

관계를 통해 얻어진 권위, 서로를 주의 깊게 살펴봄으로써 쌓은 신뢰, 신실함을 통해 얻어진 충성, 그리고 건강한 일치를 통해 얻어진 확신, 이러한 것들은 예수께서 그의 교회를 세우기 위해 사용하는 일꾼들의 특성 및 자질이다. 실제로 회중은 서로 도와 가면서 일을 할 수도 있고, 반대로 하나님의 계획을 방해할 수도 있을 것이다. 목회 지도자들은 그들이 가진 권위를 잘못 사용할 수도 있고 하나님의 목적들을 왜곡시킬 수도 있다. 그러나 우리는 여전히 예수 그리스도의 교회의 본질에 대한 근본적인 확신을 다음과 같이 나누고 있다.

우리는 지도자들에게 주어진 목회적 권위가 신자 개개인을 믿음의 공동체로 세우는 것을 보게 될 때, 비로소 교회를 향한 예수의 비전에 더 가까워질 수 있다. 그러한 권위는 경계와 신실함이라

 반석 위에 세우리라

는 인격적인 관계를 통해 얻어지는 것이다. 그것은 사역 팀들의 일치된 행동을 통해 나타나는 집합적인 권위이다. 따라서 **교회는 섬기는 지도자들의 공동체다.**

이것은 교회에 대한 우리의 비전의 또 한 가지 특징이다. 예수의 교회는 상호 복종을 실현하는 사람들로서 목회 지도자들과 함께 사랑과 신뢰의 관계를 세우는 공동체다.

토론을 위한 질문

1. 로마 가톨릭, 개신교, 재세례신앙에서의 목회 사역에 대한 관점은 각각 어떤 차이가 있는가?

2. 나는 성장하면서 목회 사역에 대해 어떠한 이해를 갖고 있었는가? 지금 우리 교회가 갖고 있는 목회 사역에 대한 이해는 무엇인가?

3. 혹시 잘못된 권위를 사용했던 목회 지도자에 대한 기억은 없는가? 만약 그러한 경험이 있다면 교회와 나 개인에게 어떠한 영향을 미쳤는가?

4. 만약 당신의 교회에 목회 팀이 있다면 그 목회 팀을 강화할 수 있는 방법은 어떠한 것들이 있겠는가? 만약 목회 팀이 없다면 그 목회 팀을 형성하기 위해 회중이 할 수 있는 일은 무엇인가?

영성의 실천

진정한 대안
공동체
최우선적인
평화의 공동체
상호부조의 공동체
세상을 섬기는 공동체
말씀의 공동체
섬기는 지도자들이 있는 공동체
섬기는 지도자들의 공동체
제자들의 공동체
사랑으로 헌신하는 공동체
사랑으로 서로 책임지는 공동체
분명한 영성
대안적 권위
자발적인 제자도

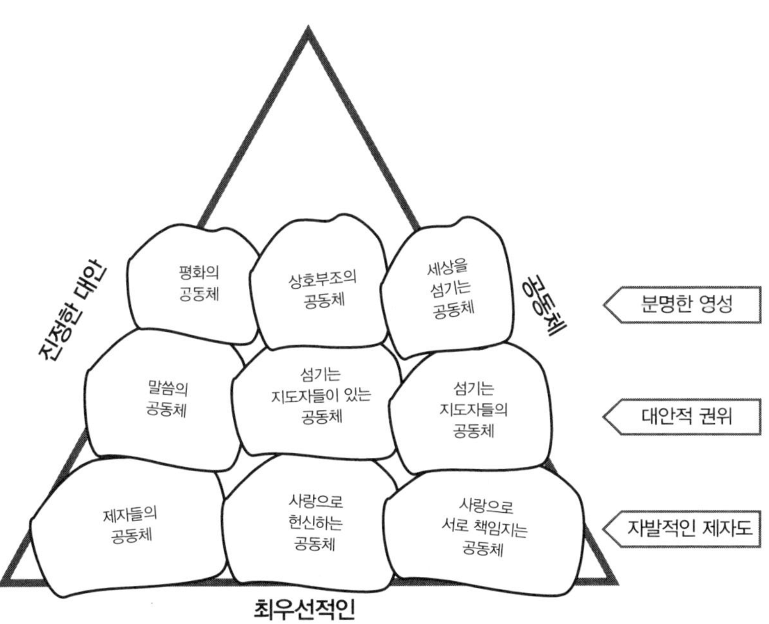

제9장 건물 해체를 위한 강구
(鋼球, Wrecking Ball)

우리가 육신으로 행하나 육신에 따라 싸우지 아니하노니 우리의 싸우는 무기는 육신에 속한 것이 아니요 오직 어떤 견고한 진도 무너뜨리는 하나님의 능력이라 모든 이론을 무너뜨리며 하나님 아는 것을 대적하여 높아진 것을 다 무너뜨리고 모든 생각을 사로잡아 그리스도에게 복종하게 하니 너희의 복종이 온전하게 될 때에 모든 복종하지 않는 것을 벌하려고 준비하는 중에 있노라(고후 10:3-6)

반석 위에 세우리라

하나님 나라를 지키는 것에 대한 세 가지 논쟁

증인 1: 이름이 알려지지 않은 증인, 1529

비록 사람이 자기의 삶을 조금 당장 개선시키려는 열망이 필요하다 해도, 이 세상의 법과 무력은 영육 간의 삶에서 그를 분리시킬 뿐이다. …… 그러므로 물질이 아닌 영적인 나라의 그 무언가를 위해 그리스도만이 의지할 분이라면 그리스도의 종들은 그의 법을 문자적으로 지켜야만 한다, 왜냐하면 영적인 왕국은 물리적인 칼을 지니지도 사용하지도 않기 때문이다. …… 우리의 왕이신 그리스도는 영적인 왕이시고, 영원한 나라를 소유한 분이시다. 그렇기 때문에 그의 검(劍)은 물질에 있지 않고 영적이다.[18]

증인 2: 피터 리드만Peter Riedmann
후터라이트 지도자, 1542

그리스도는 인간을 멸하러 오지 않으셨다. 그렇기 때문에 제지들 역시 그것을 거부해야 한다. 그리스도께서는 "너희가 하나님의 자녀이므로 성령에 속하지 않은 것이 무엇인지 살펴야 한다"고 말씀하셨다. 또한 이렇게 말씀하셨을 것이다. "성령의 은혜가 너희로 하여금 파괴하도록 가르치는가? 아니면 육신의 일을 따르고 성령을 저버리려 하는가? 너희는 누구의 자녀가 되었는가?"[19]

성경은 이 땅에 서로 적이 되는 두 왕과 두 나라가 있음을 가르치고 있다. 하나는 평화의 왕이고 다른 하나는 투쟁의 왕이다. 이 두 왕은 각각 특별한 왕국을 갖고 있고, 왕으로서 혹은 왕국으로서 각각 그 특징이 있다. 평화의 왕은 예수 그리스도시다. 그의 왕국은 평화의 왕국이며 교회를 지칭한다. …… 참된 그리스도인들은 어떠한 학대를 받더라도 복수를 알지 못하는 사람들이다. [20]

건물 해체를 위한 강구(鋼球, Wrecking Ball)

최근 나는 라디오를 통해 저명한 목사의 설교를 들었다. 그는 용서와 비폭력에 대한 예수님의 가르침에 대해 설교하기 시작했다. 왼뺨을 치거든 오른뺨을 돌려 대고, 악으로 악을 갚지 말고 도리어 원수를 사랑하라고 하신 예수님의 가르침을 실천하라고 조심스럽게 말하고 있었다. 그는 생명을 죽이는 것을 그리스도께서 금하셨다는 것에 동의를 표했다. 그는 예수께서 분쟁과 폭력의 순간에도 용서와 사랑을 가르치셨다고 말했다. 나는 그가 전쟁은 그리스도인들에게 옳지 않은 것이라는 결론을 내릴 것이라고 생각했다. 그러나 그는 그리스도의 길에 대하여 마지막으로 간단히 결론을 내릴 수 있는 순간에 이렇게 말했다. "그러나 우리나라를 방어해야 하는 전쟁의 시기가 오게 된다면, 우리는 보다 현실적이 되어야만 합니다."

나는 건물 해체 공법에 쓰이는 강구^{wrecking ball}로 뒤통수를 얻어맞은 느낌이었다. 예수님의 모든 가르침 — 그분이 확실히 선언했던 진리 — 은 "우리는 좀 더 현실적이어야만 합니다."라는 그의 단순한 말 한마디로 인해 땅바닥에 폭삭 주저앉아 버렸다. 그의 설교를 듣고 나서 나는 여지없이 패배를 당한 느낌이었다. 그러나 생각하면 할수록 그의 말이 현재 우리가 살고 있는 사회가 경험하고 있는 폭력에 대한 전형적인 반응이라는 것을 깨닫게 되었다. 아주 '건실한' 그리스도인들조차도 폭력에 대한 비폭력적인 반응은 '현실적'이지 못하다는 결론을 내리고 있었고, 그것이 사람들의 폭력에 대한 반응이었다.

우리는 과연 전쟁이 정말 '현실적'인가 하는 문제를 아주 오래 동안 토론할 수도 있을 것이다. 그러나 여기서 말하고자 하는 논지는 무엇이 현실적인가에 관한 사회의 편만한 시각들에 대해서 예수 그리스도의 교회가 바른 표지판이 전혀 되지 못하고 있다는 것이다. 결국 누군가가 들어와서 금방이라도 부수어 버릴 수 있는 그런 건물을 세우는 것과도 같다. 우리 사회는 '영적'인 것과 '현실적'인 것을 구분해서 살아가는 그리스도인들에 대해 얼마나 관대한지 모른다. 그런 그리스도인들은, 세상에서 무엇이 현실적인가라는 것에 대해서는 잘 알면서도 영적인 부분은 여전히 예수님의 삶과 가르침에 의해 잘 형성되고 있다고 기뻐한다.

이처럼 개인적인 경건과 삶이 따로 분리되는 것은 믿음의 공동체에게 있어서는 재앙과 같은 것이다. 그것은 믿는 사람들로 하여금 성, 낙태, 포르노, 등과 같은 개인적 믿음에 대해서는 아주 명확하게 표명하게 했다. 그러나 예수님의 삶대로 살아가는 문제에 이르면, 폭력만이 폭력에 대한 현실적인 반응이라는 식의 사회의 관점에 기독교 신앙은 모든 것을 양보해야 했다. 결국, 예수님의 가르침이 무엇이든 간에 우리는 현실적이어야 한다. 우리는 원수를 제거하기 위해서 총을 사용해야 한다.

그러나 예수님은 개인적이든 국가적 차원이든 원수들을 사랑하라고 가르치셨고 우리를 핍박하는 사람들을 위해 기도하라고까지 가르치셨다(마 5:44). 악한 사람에게 저항하지 말고 다른 쪽 뺨을 돌려 대라고 가르치셨다(마 5:39). 제자 베드로가 자신을 방어하기 위해 검을 소유한 것을 책망하셨고, 검을 가지는 자는 검으로 망한다고까지 말씀하셨다(마 26:52). 그가 빌라도 앞에서 심문을 받을 때에 그의 나라는 '이 세상에 속한' 것이 아닌, 완전히 차원이 다른 나라임을 말씀하셨다. 그의 종들로 싸우게 하여 자신이 체포되지 않도록 할 수 있음에도 불구하고 그렇게 하지 않으셨다(요 18:36). 우리의 가치 체계는 예수님의 가르침과 그분의 삶으로부터 나오는 것이어야 한다.

나는 몇 해 전에 런던 시내에서 집으로 가는 기차를 타려고 지하철 플랫폼을 걷고 있었다. 내가 복도를 지나 승강장 모서리를 돌아서려 할 때, 거칠고 험상궂은 한 남자가 나를 향해 욕설을 퍼붓더니 내 멱살을 잡았다. 그는 나를 들었다 놓고 복도 쪽으로 다시 밀었다. 그는 굉장히 화가 나 있었고, 입버릇 사납게 나를 향해 잘 알아듣지도 못하는 말로 뭔가를 중얼거렸다.

나는 졸지에 폭력이라는 상황에 처한 것이었다. 그 사람에 대한 나의 행동 반응은 비폭력이라는 사려 깊은 윤리적인 방법이 아니었다. 나의 반응은 두려움도 분노도 아닌 어리둥절함이었다. 영문도 모른 채 나는 그 사나이를 쳐다보았고 물었다. "무슨 일이오?" 그는 자기가 하던 짓을 멈추고 이건 또 뭔 일인가 하는 혼란스러운 표정으로 나를 가만히 째려보았다.

그 순간 나는 뭔가 표현할 수 없지만 보다 큰 일이 일어나고 있음을 느낄 수 있었다. 그의 영혼 안에 가득 차 있던 분노가 내 안에서 당연히 생겨야 할 어떤 분노를 발견하지 못한 모양이었다. 그 결과 그의 분노가 가라앉고 다정한 모습으로 나타났다. 그의 분노를 부채질할 그 어떤 것이 없었기 때문이었다. 그는 나를 놓아주었고, 나로부터 떨어져 자기 방식대로 중얼거리며 자기의 갈 길을 가 버렸다. 나는 다친 곳 없이 다시 길을 걸을 수 있었다. 내 추측으로 그 남자는 일종의 마약을 복용했던 것 같다. 그는 자신이 그렇게 살아가는 참 이유를 쉽게 드러낼 것처럼 보이지는 않았다. 그럼에도 불구하고 그 분쟁은 평화로운 해결로 결론지어졌다. 누가 비폭력이 현실적이지 못하다고 말했는가?

그 사건이 있은 후에 나는 한동안 마음을 놓지 못했다. 그래서 나에게 생긴 이 일을 깊이 생각해 보게 되었다. 만약 내가 영화 속의 람보처럼 행동했다면 무슨 일이 일어났을까? 혹은 우리 시대의 두려움과 설득으로 내 영을 채웠더라면 무슨 일이 일어났을까? 그렇게 하고자 했다면 나의 첫 반응은 분명 아주 다른 모습으로 나타났을 것이다. 나도 그 사나이를 향해 아주 크게 화를 냈을 것임에 틀림이 없다. 어쩌면 나도 폭력을 사용했을지도 모르며, 그 결과는 또한 다르게 나타났으리라. 예수님은 우리를 정말로 잘 보셨다. 네 마음에 있는 그 무엇이 네 행동으로 드러나게 될 것이라는 ─ 특히 위기의 순간에 더욱 ─ 예수님의 말씀은 옳았던 것이다.

우리 시대의 윤리학자인 론 사이더[Ron Sider]는 이렇게 질문을 던지고 있다. "전쟁에서 병사들이 다른 사람들을 죽이다가 자신도 죽으면 우리는 그 병사들을 영웅이라 부른다. 그러나 다른 사람을 죽이기를 거부한 이유로 그리스도인들이 죽어 가면 우리는 그들을 바보라 부른다. 왜 이런 일이 일어나는가?"[21) 이것은 우리 사회가 선전하고자 하는 기독교가 어떤 모습인지를 잘 나타내 주는 것이라 할 수 있다. 국가를 향한 애국심과 하나님 나라 사이에는 근본적으로 충돌이 존재하지 않고, 단지 예수의 그 '지고한' 가르침과 우리 일상생활의 '현실적' 해결 방법 사이에 충돌이 있을 뿐이다.

만약 우리가 예수의 비전을 따라 믿음의 공동체를 세우고자 한다면 사회의 그러한 가치에 우리의 공동체를 맡길 수는 없을 것이다. 우리는 악한 사람들과 악한 나라들을 징계하기 위해 강구[Wrecking ball]를 휘두를 것이 아니라, 복음이라는 크레인을 써서 그들을 끌어 올려야 한다. 영적인 세계를 두 부분으로 나누는 대신에 우리는 이 둘이 함께 유지될 수 있도록 해야 한다. 예수님은 단지 우리 개인의 내적 경건함만을 성장시키라고 부르신 것이 아니라, 성령 하나님의 능력과 임재를 의지하도록 부르셨다. 우리는 우리를 핍박하는 사람들을 위해서 기도해야 한다. 그리고 우리의 거룩함이 밖으로 드러나도록, 우리가 평화를 건설하는 사람들이 되도록, 원수들이 하나님과 우리의 친구들이 될 수 있도록 기도를 해야만 한다(마 5:9, 고후 5:18). 그러므로 우리는 하나님께서 우리를 구원하시도록 하나님을 의지해야 하며 하나님의 때와 방법 안에서 일이 풀리도록 그분을 의지해야 한다. 우리가 인간의 폭력에 대한 '현실적인 필요성'과 마주칠 때, 예수님의 가르침과 모범을 따른다면 적당히 타협하는 것을 거부해야 한다. 비록 그렇게 하는 것이 고통을 수반하는 일이라 할지라도, 폭력을 사랑으로 이겨야 한다(마 5:10-12, 44-48, 롬 12:14-21).

실제로 우리는 하나님 나라의 능력을 위하여 폭력과 전쟁이라는 이 땅의 힘을 사용하기를 포기하고 있다. 성령 하나님께서도 우리가 생명을 위협하는 무력을 사용하기보다는 다른 방법을 사용하도록 돕고 계신다. 우리는 국가를 향한 극단적인 애국심과 하나님 나라를 향한 지고한 충성 사이에 근본적인 불화가 존재함을 인정한다. 따라서 우리의 영웅은 군인들이 아니라 순교자들이며, 하나님의 통치가 최고의 충성 대상이요 권위임을 선언한다. 우리는 일상생활 속에서 그리스도를 따르기 위해 타협하지 않으며, 또한 성령님을 철저히 의지함으로써 평화의 길에 헌신한다.

이 부분에 있어서 메노나이트들은 군복무에 대해서도, 또한 양심을 타협할 수밖에 없는 공적인 직책을 갖는 것에 대해서도 반대하는 것을 실천해 왔다. 많은 메노나이트들이 전쟁이 치열하게 일어나고 있는 곳에서도 무저항의 노선을 유지하고 있다. 이러한 것은 박해와 대규모의 추방이 일어나는 상황에서도 마찬가지이다. 메노나이트들의 정체성을 이루는 그 중심에는 믿음의 공동체가 이 세상의 폭력에 대하여 완전히 다른 영에 의해 살아가야 한다는 확신이 자리하고 있다. 메노나이트들은 고난의 한가운데에서도 사랑의 방법을 지속적으로 고백해 왔다.

그러나 어떤 상황에서는 이러한 평화 사역에 믿음의 확신이 영적인 뿌리를 잃고 분리되었거나 혹은 단순히 인간적인 윤리와 형식주의 측면에 머물러 있는 부분도 없지 않았다. 그 결과 비폭력을 실천한다는 것이 겨우 '전쟁 반대'라는 행동으로만 축소되어 온 것도 사실이다. 더욱이 기독교에서 주장하는 평화와는 완전히 다른 동기로 평화를 추구하는 사람들과 함께 연합해서 기독교의 비폭력이 인도주의나 뉴에이지의 평화주의와 특별한 차이가 없어 보이는 인상을 준 것도 사실이다. 그러나 우리가 확신하는바 교회의 비전은 그리스도의 영에 의해 복수하지 않고, 평화를 이루며, 사랑으로 대응하는 그리스도 중심의 헌신이다.

참된 믿음의 공동체는 성령의 능력을 입은 '모두가 함께 평화를 추구하고자 하는' 평화의 사람들을 말한다(히 12:14). 그들은 사랑으로 폭력에 반응하는데 이것은 단순히 성경이 가르치는 올바른 강령이기 때문이 아니라, 그것이 가르침의 본질이기 때문이다. 또한 그것이 예수께서 명하셨기 때문만이 아니라 예수께서 그렇게 사셨기 때문이다. 궁극적으로 비폭력에로의 헌신은 예수님에 대한 개인의 반응이지 그것을 법률로 제정할 수는 없다. 이것이 예수 그리스도 자신이 보여 주셨던 인격으로서의 신앙 공동체가 추구해야 할 길이다. 이것이 예수님의 성령이 분과 화, 그리고 저주를 슬퍼하는 이유요, 어떤 상황과 이유 아래에서도 인간의 생명을 취하는 것을 축복할 수 없는 근본적인 이유이다.

아홉 번째 머릿돌

예수의 제자들이 걷는 길이란 고통이 수반되더라도 사랑으로 폭력에 반응하는 것이다. 평화의 길을 위해 타협해서는 안 될 이러한 헌신이 곧 믿음의 공동체를 위해 필요한 중요한 영성이며, 예수 그리스도에 대한 신앙 고백이다. 그것은 아주 처절한 중보기도로 우리를 안내할 것이며, 성령의 능력을 의지하는 믿음의 공동체가 되도록 할 것이다. 교회의 지체들은 다른 사람들 위에 군림하거나 힘을 행사하는 폭력의 길에 대하여 저항한다. 그러므로 우리는 예수 그리스도 교회의 본질에 대한 다음의 확신을 함께 나눈다.

> 우리는 예수 그리스도의 영이 가르치는 바, 세상 폭력과 타협하지 않는 길을 선택할 때 비로소 교회를 향한 예수의 비전에 더 가까워질 수 있다. 폭력으로 생명을 위협하는 것보다 차라리 고통이 수반되는 사랑을 실천하는 것이 폭력에 대처하는 그리스도의 길이다. **교회는 평화의 공동체다.**

초기의 후터라이트였던 피터 리드만Peter Riedemann은 다음과 같은 글을 남겼다. "예전에 이르기를 눈에는 눈, 이에는 이로 갚으라. 하였지만, 나는 너희에게 이르노니 악한 자를 대적하지 말라! 여기서 그리스도는 자기 자신을 뚜렷이 구분해 놓고 있다. 거기에는 많은 말이 필요치 않았다. 왜냐하면 그것은 그리스도인들이 전쟁에 나가서도 안 되고 복수를 해서도 안 된다는 사실이 너무나 명백하게 드러났기 때문이다. 만약 이 가르침을 거부하는 하는 사람은 누구든지 그리스도와 그의 본질을 부정하거나 포기하는 것이기 때문이다."[22]

이러한 단순한 진술은 메노나이트들이 애지중지하며 붙들고 있는 교회의 한 가지 특성을 리드만이 잘 요약해 놓은 것이라 하겠다. 교회는 이러한 부분에 있어서 고유한 영을 강조하는 궁극적인 대안 공동체이다. 예수의 영은 예수의 사람됨을 확인해 준다. 사회의 가치라는 쇳덩이^{Wrecking ball}가 교회의 성격을 변화시킬 수는 없다. 우리의 고백은 예수 그리스도 위에 그리고 그의 평화를 만드는 길 위에 기초한다.

반석 위에 세우리라

토론을 위한 질문

1. 내가 성장하는 동안 전쟁과 비폭력에 대한 입장은 어떤 것이었나? 그것은 지금 우리 교회의 입장과는 어떻게 다른가?

2. 비폭력의 '윤리'와 비폭력의 '영성' 사이에 차이점이 존재하는가? 차이가 존재한다면 그 차이를 설명해 보라.

3. 비폭력의 영성과 복수하지 말라는 영성을 개발하기 위해 우리 교회가 할 수 있는 일은 무엇인가?

4. 우리 교회는 신자들의 가치 체계와 사회의 가치 체계의 차이에 대하여 분명한 감각을 갖고 있는가?

제 10 장 건축비 지불하기

그들의 발을 씻으신 후에 옷을 입으시고 다시 앉아 그
들에게 이르시되 내가 너희에게 행한 것을 너희가 아느냐 너희가 나
를 선생이라 또는 주라 하니 너희 말이 옳도다 내가 그러하다 내가
주와 또는 선생이 되어 너희 발을 씻었으니 너희도 서로 발을 씻어
주는 것이 옳으니라 내가 너희에게 행한 것 같이 너희도 행하게 하려
하여 본을 보였노라 내가 진실로 진실로 너희에게 이르노니 종이 주
인보다 크지 못하고 보냄을 받은 자가 보낸 자보다 크지 못하나니 너
희가 이것을 알고 행하면 복이 있으리라(요 13:12-17)

반석 위에 세우리라

상호부조 이야기

상호부조 1: 오순절의 첫 번째 교회

그 중에 가난한 사람이 없으니 이는 밭과 집 있는 자는 팔아 그 판 것의 값을 가져다가 사도들의 발 앞에 두매 그들이 각 사람의 필요를 따라 나누어 줌이라(행 4:34-35)

상호부조 2: 다비다라는 여인

욥바에 다비다라 하는 여제자가 있으니 그 이름을 번역하면 도르가라 선행과 구제하는 일이 심히 많더니 베드로가 일어나 그들과 함께 가서 이르매 그들이 데리고 다락방에 올라가니 모든 과부가 베드로 곁에 서서 울며 도르가가 그들과 함께 있을 때에 지은 속옷과 겉옷을 다 내보이거늘(행 9:36, 39)

상호부조 3: 마케도니아 그리스도인들

형제들아 하나님께서 마게도냐 교회들에게 주신 은혜를 우리가 너희에게 알리노니 환난의 많은 시련 가운데서 그들의 넘치는 기쁨과 극심한 가난이 그들의 풍성한 연보를 넘치도록 하게 하였느니라 내가 증언하노니 그들이 힘대로 할 뿐 아니라 힘에 지나도록 자원하여(고후 8:1-3)

떨어진 조각 줍기

일전에 나는 아주 중요한 건축 프로젝트를 따낸 한 건축 회사의 기사를 읽은 적이 있다. 그런데 그렇게 중요한 건축 프로젝트였음에도 불구하고 그 회사와 계약한 도급업체가 공사 중간에 대금을 지불하지 않은 일이 발생했다. 갑자기 공사 계획 전체에 큰 차질이 생겼다. 자재 비용을 갚을 길이 없었고 인부들은 계속해서 임금 지불을 요구했다. 결국 그 건축 회사는 도급 회사에 대한 책임을 져야 했고, 파산의 위기에 직면할 수밖에 없었다.

이와 관련해서 메노나이트 교회에서 내가 처음 경험한 일이 생각난다. 그때 나는 대학원 2년차 공부를 마칠 무렵이었고 아내 수^{Sue}는 첫 아이를 임신해서 출산을 곧 앞두고 있는 상태였다. 나는 메노나이트 교회에서 목사로 섬기기 위해 그동안 하던 공부를 그만두어야만 했다. 그러면서 나는 우리 가족이 그동안 조심스럽게 간직해왔던 의료 보험 — 메노나이트 의료보험이 아닌 — 의 만기일이 아이 출산 전에 끝난다는 사실을 알게 되었다. 의료보험 없이 지불해야 할 의료비는 실로 엄청났다. 정기 검진을 받기 위해 병원에 가는 일도 매우 어렵게 되었다. 우리는 의사에게 진료비를 곧바로 낼 수가 없다는 사실을 설명해야만 했다. 의사는 우리를 이해해 주는 것 같았다.

정기 검진을 받는 것은 쉽지 않았다. 그러나 담당 의사는 우리의 상황을 메노나이트 교회에 직접 알렸다. 메노나이트 노회에 이야기해서 우리

반석 위에 세우리라

가족을 도와줄 것을 요청했다. 모든 일의 정황이 드러나자, 그동안 우리가 갚지 못한 모든 비용이 지불되었다. 우리는 놀라서 아무 말도 할 수 없었다. 우리는 그것이 '상호부조'Mutual Aid라는 메노나이트 협력 프로그램이라는 것을 나중에서야 알게 되었다. 그것은 그리스도인들이 서로 돌보는 방법 중의 하나였다.

나는 이와 같은 현상을 그 후에도 여러 번 목격했다. 어느 한 젊은 부부가 아기를 암으로 잃었을 때 메노나이트 교회는 비록 아기의 아버지가 직장 의료 보험에 가입한 상태였지만, 그들이 갚지 못한 의료비를 메노나이트 교회와 메노나이트 상호부조가 합심해서 대신 갚아 주도록 도와주었다(미국은 의료 보험이 있어도 약관에 의해 일정 부분을 보험 회사가 비용을 지불하고 나머지는 환자들이 지불하도록 되어 있다 - 역자 주).

우리는 교회 헌금의 약 10%에 해당되는 비용을 상호부조 기금으로 따로 떼어놓는다(행 6:1-6과 비교해 볼 것). 이것은 홀로된 엄마들의 치과 비용이라든지, 어려운 사람들의 아파트 월세라든지, 직장의 어려움으로 재정적인 곤란을 겪고 있는 교인들을 위한 것이다. 이런 것이 비록 문서로 된 보증서는 아니지만, 우리는 교인 중 누구 한 사람도 의식주를 해결 못해서 어려움을 겪는 사람이 없도록 하기 위해 이렇게 서로 돌보는 일에 헌신하고 노력하고 있다.

우리 교인들은 대부분 다른 교단의 배경을 갖고 있거나 아니면 교회 경험이 전혀 없는 사람들이다. 그렇기 때문에 우리는 우리 자신들의 경험을 토대로 다른 사람들을 돌보는 방식으로 일을 하고 있다. 다른 메노나이트 회중들도 비슷한 실천을 하고 있다는 것은 우리에게 큰 격려가 된다. 이것은 믿음의 공동체에서 서로를 향한 사역이다. 이것이 바로 그리스도의 몸을 이루기 위해 교회가 '함께 지어져 가는' 것이라고 우리가 이해하는 바이다.

우리는 이 일을 누구나 잘 살아야 한다는 사회보장제도를 발전시키기 위해서 필요한 일이기 때문에 하는 것이 아니다. 사람들이 하나님께 불순종해서 생긴 결과에 대해서는 그것이 물질적인 도움을 필요로 한다 할지라도 우리가 어떤 입장을 취할 것인지 정말로 잘 결정해야 한다. 우리에겐 어떤 물질적인 상담을 해 주는 것 이상이 필요하다. 그러나 우리는 이러한 과정을 통해서도 하나님의 사랑과 은혜를 배워 가고 있다. 우리는 세상이 그렇게 건강하게 성장한 사람들로만 구성되어 있는 것이 아니며, 돈 관리를 잘하는 원칙을 알고 있는 아름다운 가족들이 많지 않음을 점점 더 절실하게 깨닫고 있다. 사람들은 우리의 심판자적인 태도가 아닌 사랑과 안내를 필요로 한다. 교회의 가족들이 건강해지는 것을 보는 것은 우리에게 계속해서 힘이 된다.

몇 년 전까지만 해도 이러한 행동이 교회의 본질을 결정짓는 주된 요인이라고는 생각하지 못했다. 대부분의 교회들은 헌금을 목회자의 월급과 건물 유지, 프로그램을 위해서 사용한다. 교인들은 서로에게 강한 책임 의식이 있어야 한다고 생각하지 않는 것 같다. 개인적으로 자선을 베푸는 행동은 잘한다. 그러나 회중 전체가 교인 한 사람 한 사람을 돌보아야 할 책임이 있다는 것에 대해서는 생각하고 있는 것 같지 않다.

나는 최근에 이러한 나의 생각이 맞는지 시험하기 위해 이러한 주제로 토론하기 원하는 목사들의 모임에 참석한 적이 있다. 나는 이렇게 말했다. "우리가 만약 교인 중의 한 사람이 집을 잃거나 파산했는데도 불구하고 아나뱁티스트 교회로서 도움을 주지 않는다면, 교인으로서의 우리의 삶이 뭔가 심각하게 잘못 돌아가고 있다는 것을 느끼게 될 것입니다." 내가 이렇게 말하고 나니 배경이 좀 다른 목사가 깜짝 놀라서 말했다. 그는 이것이 '나눔과 상호부조'에 대한 교회의 이해라는 것을 믿을 수가 없는 듯 했다. 그러나 그는 곧 북받쳐 오르는 흥분을 감추지 못했다. 그는 자기 교회로 돌아가서 이같은 방법으로 교인들이 서로를 돌아보게 할 것이라고 결심했다.

이 문제는 결국 "교인들에게 서로 돌보는 책임이 있는가(갈 6:2), 아니면 단순히 자기 자신만을 돌보면서 살면 되는가?"라는 근본적인 질문이기도 하다. 우리는 과연 궁핍에 처한 사람들을 돌보고 있는가? 아니면 그것이 정부가 할 일이라고 생각하는가? 혹시라도 우리 그리스도인들이 하나님을 믿고 따르면 결코 궁핍한 상황에 처하지 않을 것이라고 생각하면서 산다면 그것은 실로 심각한 일이 아닐 수 없다. 만약 그리스도인의 삶의 방식이 단지 말씀을 전하고 잃어버린 사람들을 위해 전도하는 것이 전부라면 교회의 본질을 너무도 퇴색시키는 것이다. 그와 같다면 우리는 계약을 이행하지 않고 있을 뿐더러 청구서의 대금을 지불하지 않고 내버려 둔 아주 위험한 상태에 빠져있는 것과 다를 바 없다.

이에 관해 아나뱁티스트-메노나이트 전통이 실천해 온 바는 아주 다르다. 모든 사유재산을 공동으로 사용했던 후터라이트들의 철저한 증인된 삶에서부터 서로의 필요를 채워 주었던 스위스-독일 형제단에 이르기까지, 상호부조의 원칙은 우리의 역사 속에 깊이 자리해 왔다. 우리는 20세기에도 추수하는 일을 함께하고, 창고를 함께 짓고, 재난을 만난 사람들을 도와주고, 아픈 이웃들과 음식을 함께 나누고, 그들의 일을 함께 해 줌으로 이러한 노력들을 계속 실천해 나가고 있다. 이 모든 것은 우리가 상호 협력의 원리를 삶 속에서 어떻게 적용해 나가는가를 보여 주는 좋은 예들이다.

예수님은 제자들의 발을 씻김으로써 이런 섬김의 사역의 본을 보여 주셨다. 이러한 고귀한 일을 제자들과 함께 식사하면서 보여주신 것이다. 예수께서는 이렇게 제자들을 섬기신 후, 제자들도 자신이 행한 것을 따를 것을 원하셨다(요 13:14). 예수님은 서로 섬기는 것은 어떤 소유나 지위가 결코 가져다줄 수 없는 평화와 기쁨을 줄 것이라고 말씀하셨다(눅 12:15). 그리고 자신을 따르는 사람들에게 "주는 것이 받는 것보다 복되다"고 말씀하셨다(행 20:35). 그리고 우리가 이러한 것들을 알고 행하면 복이 있을 것이라고 말씀하셨다(요 13:17). 가난하고 궁핍한 사람들에게 베푸는 사역은 왕 되신 그분을 향한 섬김이기도 하다(마 25:40).

열 번째 머릿돌

이것은 교회를 향한 우리의 비전이 담고 있는 또 다른 특징이다. 교회를 이렇게 이해하는 회중을 특징지을 수 있는 것 한 가지는 겸손이다. 다

    반석 위에 세우리라

른 사람들의 필요를 돌아보는 것은 '자선'이 아니라, 정의를 행하고 인자를 사랑하며, 겸손히 하나님과 함께 동행하는 것(미 6:8)으로 이해해야 한다. 사회 복지 시스템과 자선활동 같은 것은 친밀하지 않은 경향이 있으나, 상호부조는 아주 인격적이다. 가난한 사람들을 돌아보는 사역은 언젠가는 우리 자신이나 우리의 아이들도 같은 상황에 처할 수 있다는 것을 인정하는 것에서 비롯된다.

초기 재세례신자였던 울리히 스테들러^{Ulrich Stadler}는 다음과 같은 글을 남겼다. "간단히 말해서 형제는 자기 자신이 아닌 남을 섬기면서 일하고 살아가야 한다. 정말로 한 가정은 다른 가정을 위해, 한 공동체는 다른 공동체를 위해서 살아가야만 한다. …… 우리는 서로를 향한 주의 몸 된 지체들로서 함께 모여 떡을 떼도록 주님께서 허락하시는 곳은 어디라도 그렇게 살아야한다. 그것이 선택받은 하나님의 거룩한 자녀들의 순례하는 삶의 모습이다."[23]

그러므로 우리는 예수 그리스도 교회의 본질에 대한 다음의 확신을 함께 나눈다.

우리는 겸손함으로 우리 믿음의 공동체 내에 있는 지체들의 필요를 서로 돌아볼 때, 비로소 교회를 향한 예수의 비전에 더 가까워질 수 있다. **교회는 상호 부조 및 상호 협력의 공동체다.**

교회는 그리스도를 함께 따르기로 헌신한 형제와 자매들로서, 목회 지도자들을 후원하는 동역자로서의 헌신의 삶에 뿌리를 내리고 있다. 그러한 교회는 서로의 필요를 돌아보지 않을 수 없다. 우리는 서로에 대한 사랑으로 우리 가운데 가난한 사람이 없도록 대처해 나갈 것이다. 이러한 것이 우리의 교회를 특징짓는 것이라고 말할 수 있겠는가?

반석 위에 세우리라

토론을 위한 질문

1. 교회생활을 통해 상호부조를 경험했다면 나누어 보자.

2. 교인들이 서로 의식주의 도움을 필요할 때 그것들을 제공하기 위해 서로 헌신해야 한다고 생각하는가?

3. 상호부조의 필요성을 이야기할 때 사용 가능한 방법은 무엇인가? 만약 그러한 방법이 없다면, 있어야 한다고 생각하는가? 그것은 어떤 방식이겠는가?

4. 우리 교회가 서로 돌보고 그러한 삶을 살기 위해 취할 수 있는 방법이 있다면 무엇이겠는가?

제11장 성전인가 천막인가?

너희를 위하여 보물을 땅에 쌓아 두지 말라 거기는 좀
과 동록이 해하며 도둑이 구멍을 뚫고 도둑질하느니라 오직 너희를
위하여 보물을 하늘에 쌓아 두라 거기는 좀이나 동록이 해하지 못하
며 도둑이 구멍을 뚫지도 못하고 도둑질도 못하느니라 네 보물 있는
그 곳에는 네 마음도 있느니라 한 사람이 두 주인을 섬기지 못할 것
이니 혹 이를 미워하고 저를 사랑하거나 혹 이를 중히 여기고 저를
경히 여김이라 너희가 하나님과 재물을 겸하여 섬기지 못하느니라
(마 6:19–21, 24)

 반석 위에 세우리라

세 가지 간증

간증 1: 발타자르 후브마이어^{Balthasar Hubmaier}
초기 재세례 신학자, 1526

나는 언제 어디서나 이런 말을 합니다. "모든 사람은 자신의 이웃에게 관심을 가져야만 한다. 그리하여 가난한 사람들을 배부르게 하며, 목마른 사람에게 물을 주며, 헐벗은 자들을 입혀야 한다. 우리는 우리의 재물을 다스리는 주인으로서가 아니라, 이를 잘 나누어 주고 관리하는 청지기로서 살아야 한다. …… 누가 만일 우리의 속옷을 달라고 하거든 겉옷까지도 줄 수 있어야 하지 않겠는가?"[24]

간증 2: 덕 필립스^{Dirk Philips}
네덜란드 재세례신앙 운동 지도자, 1558

그러므로 하나님으로부터 일시적인 재물을 축복받은 사람, 즉 부자라면 그는 재물로 가난한 사람들을 위한 사역을 해야 하며(롬 15:27, 고후 8:10), 그들의 필요를 채워 주어야만 한다. 그렇게 함으로 가난한 사람들의 봉사를 필요로 할 때 섬길 수 있는 길을 마련해 주어야 할 것이다.[25]

간증 3: 메노 사이먼스^{Menno Simons}
네덜란드 재세례신앙 저술가, 1539

참된 복음주의 신앙은 본질적으로 그 활동을 멈출 수 없다. 오히려 모든 의로움과 사랑을 행함으로 신앙을 드러내야만 한다. 그것은 몸과 피를 주기까지 사랑하는 삶이며, 하나님을 찾고 섬기고 두려워하며, 헐벗은 사람을 입히며 배고픈 사람을 먹이며 슬퍼하는 사람을 위로하며 가난한 자에게 잠자리를 제공하며 다친 사람을 치료하며, 선으로 악을 이기며 자기를 해치는 자들을 섬기며 자기를 핍박하는 자들을 위해 기도하며, …… 잃어버린 자들을 찾으며 상처 입은 사람을 싸매 주며 병든 사람을 고쳐 주며 건강한 사람을 구원하며 이 모든 것이 모든 사람에게 이루어지도록 노력해야 한다.[26]

천막으로 된 도시들

최근 허리케인이 미국 남부 지방을 강타했을 때, 정부는 피해를 입은 도시들에 천막[tent]을 지어 줌으로 큰 피해를 입은 가정들에게 도움을 주었다. 이것은 위기에 처한 사람들을 돕기 위한 아주 간단하면서도 효과적인 방법이었다. 왜냐하면 천막은 이들에게 필요한 잠자리를 즉시 만들어 주었을 뿐 아니라 비용도 아주 적게 드는 것이기 때문이다. 만약 정부 관리들이 이렇게 하는 대신에 영구적인 집을 지어 주겠다고 건물을 짓기 시작했다고 생각해 보자. 사람들은 건물을 짓는 몇 달 동안 집 없이 살아야 할 것이다. 아마 세상은 그러한 어리석음과 자기 파괴적인 정부의 조처에 대해 조롱할 것이며 분노를 나타낼 것임에 틀림이 없다.

마찬가지로 교회의 사역도 주기적으로 생겨난 어떤 일 중심이라면 그것은 똑같이 자기 파괴적인 일이 아닐 수 없다. 교회의 선교가 교회 자체의 프로그램에 초점이 맞추어지게 되면, 그 프로그램을 진행하기 위한 일군들을 뽑는 일과 다시 그 일군을 뽑는 프로그램을 돌리는 사람들을 채용하는 등의 일로 인해 교회의 본연의 목적이 사라지게 된다. 그러고 나면 교회는 정작 교회가 해야 할 일들을 하지 못하게 된다. 그러한 교회라면 예수 그리스도께서 교회에 주신 "가서 복음을 전하라"(막 16:15)는 비전을 무색하게 하는 일일 것이다. 예수님은 "와서 우리 프로그램에 참여하라"고 말씀하지 않으셨다.

그러한 교회는 천막을 세우기보다는 성전을 세운다. 그들은 사람들의 생명과 생활을 돌아보기보다는 하나님께 기념이 될 만한 건물들에 더 많은 관심을 쏟는다. 이것은 예수님의 비전이 아니다. 예수님은 도움이 필요한 사람들에게 교회가 다가갈 수 있기를 정말로 바라신다. 그것이 예수께서 이 땅에서 하신 핵심 사역이었다. 예수님은 선한 사마리아인의 비유를 통해 이웃을 사랑한다는 것이 믿음의 공동체 밖에 있는 사람들도 포함시켜야 함을 가르쳐 주셨다(눅 10:25-37). 예수님은 가난하고 헐벗고, 병들고 갇힌 자들을 향한 사랑의 반응이 어떠한 것들인지를 보여 주시기 위해 양과 염소의 비유를 사용하셨다. 그렇게 반응하는 것이 바로 예수님 자신에게 하는 일이라고까지 말씀하셨다(마 25:31-46).

예수께서 가르치신 단순한 진리는, 교회가 교인들을 얼마나 잘 사랑하고 돌보는 삶을 살든지 간에 그것이 단지 교회와 교인들 자신만을 위한 것이라면, 그것은 죽은 교회일 수밖에 없다는 것이다. 실제로 교회의 사명을 온전히 감당하는 일은 교회가 외부 사람들의 필요를 채우기 위해 부분적으로나마 손을 뻗치는 것으로부터 시작한다. 이것은 교회에 대한 이해를 달리해야만 가능한 일일 것이다. 요한복음 3장 16절은 "하나님이 세상을 이처럼 사랑하사"라고 했지 "하나님이 교회를 이처럼 사랑하사"라고 하지 않지 않았는가? 예수의 성령이 충만하다는 것은 하나님의 마음이 이 세상에 있는 모든 상처를 입은 사람들을 향해 열려 있다는 사실을 이해하는 것을 의미한다. 마찬가지로 예수님의 성령은 우리로 하여금 폭력까지도 사랑으로 대응할 것을 강력히 요구하며, 상처 입은 사람들을 돌아보도록 요청하고 있다. 우리는 게으르게 앉아서 병든 사람들이나 고통받는 사람들을 무시한 채 우리의 '거룩한 밀담'을 나누며 살 수는 없다.

믿음의 공동체 안에서의 진정한 긍휼(진정한 상호부조)은 또 다른 사람들에게로 빠르게 확산된다. 이것은 아나뱁티스트-메노나이트 교회의 경험 그 자체이기도 하다. 메노나이트 중앙 위원회^{MCC: Mennonite Central Committee}는 제1차 세계대전이 끝난 후인 1920년, 극심한 가난과 고통에 시달리는 러시아 메노나이트 교회의 형제자매들을 돕기 위한 구제 사역의 일환으로 설립되었다. MCC는 그 후 지금까지 이러한 구제 사역을 전 세계에서 가난과 고통으로 신음하는 사람들을 돕기 위한 비전으로 확대해 왔다. MCC의 표어인 '그리스도의 이름으로'^{In the Name of Christ}는 자신들이 무엇을 하고 있는가를 가장 잘 요약해 주는 것이며, 다른 교단과 전통의 많은 사람들도 함께 MCC의 자원 봉사 일에 참여하고 있기도 하다.

MCC가 생겨난 몇 년 후에는 북미에서 자연재해를 당한 사람들에게 도움을 주기 위해 메노나이트 재난 봉사단^{Mennonite Disaster Service}이 생겨났다. 그것은 플로리다 혹은 루이지애나 주에서 발생하는 허리케인의 피해자들이나 홍수, 폭풍 등의 피해자들에게 도움을 주기 위한 사역이다. 이러한 섬김의 사역은 메노나이트들의 독특한 특성을 잘 나타내 주고 있다.

어떤 사람들은 이러한 교회의 특성을 '섬김의 영성'이라고 까지 표현한다. 이 말에는 진실이 담겨 있다. 개혁 신학의 영성이 강조하는 것은 믿음을 통한 은혜인데, 그것은 우리에게 선행의 의무가 있다는 사실을 별로 중요하게 다루지 않는 경향이 있다. 이 말은 우리의 신앙생활에서 정말로 중요한 것이 오직 '믿는 것'과 '받는 것'으로 축소되었다는 것을 의미한다. 재세례신앙 운동은 "행함이 없는 믿음은 죽은 믿음이다"(약 2:17)라고 말한 야고보의 가르침을 다시금 울려퍼지게 하였다. 정말로 중요한 것은 단지 '믿는 것'과 '받는 것'만이 아니라 그런 신앙을 따라 '사는 것'까지도 포함해야 한다. 선행이란 성경적 믿음의 자연스런 한 부분이 아닌가?

이러한 섬김의 영성은 비폭력에 대한 성경적 이해를 더욱 확고히 한다. 지구촌 여기저기의 전쟁 상황은 인간의 고통과 빈곤을 더욱 가중시키고 있다. 우리가 고통받는 자들을 위해 사역하고 비폭력의 삶을 선포한다면, 교회의 증거하는 삶은 더욱 온전하고 총체적인 모습일 것이다. 이것이 바로 예수님의 영으로 사는 삶이다.

이렇게 교회가 세상 사람들의 필요에 관여하는 것은 교회로 하여금 빈부 문제를 다룰 수 있게 도와준다. 예수님은 누가복음에서 부의 위험성을 심각하게 경고하셨다. 그는 결론적으로 부자들이 하나님께서 주신 생명을 질식시킬 수 있다고 하셨다(눅 8:14). 또한 물질은 염려와 불안을 가져다줄 수 있다고까지 말씀하셨다(12:22-24). 부유함은 우리가 영원한 가치를 발견하지 못하게 할 수도 있다(16:19-24). 물질적 부가 우리의 삶을 조정하기도 한다(16:13). 그리고 부는 우리의 행동의 영원한 결과가 무엇인지 보지 못하게 할 수도 있다(12:19-20). 만일 부로 인해 예수 그리스도께 우리 자신을 드리지 못하게 된다면 그것은 결국 우리에게 저주가 될 수도 있다고까지 말씀하셨다(마 19:16-26).

교회는 원래 자신과 자신의 필요만을 위해서 존재하는 것이 아니다. 교회는 세상의 필요를 위해 존재해야 한다. 교회의 사역이 복음을 선포하고 말씀을 가르치는 것으로 제한되어서는 안 된다. 그것은 교회 전체가 세상을 향해 손을 뻗치며 해야 할 일이다. 현대의 교회들은 너무나 종종 성전을 건축하는 일에만 열중했고 그 사역의 범위를 내부로만 국한시켰다. 이제 우리는 천막을 어떻게 세울 수 있는지 다시금 배우지 않으면 안 된다.

열한 번째 머릿돌

우리가 교회의 이런 특징적인 비전을 확장해 나간다면 예수 그리스도의 교회는 바로 세상에서 고통받는 사람들을 긍휼히 여기는 공동체라고 할 수 있을 것이다. 우리에게 믿음의 공동체 내에 있는 가난한 사람들을 위한 주요한 책임이 있다는 것을 알지만, 교회는 단순히 자기 자신만을 위해 존재해서는 안 된다. 교회는 세상을 위해 존재한다.

　　　　　　　　　　　　반석 위에 세우리라

우리가 이러한 구제 사역을 하고 부와 재물에 대한 예수님의 가르침에 대해서 부분적으로나마 따르며 산다는 것은, 보다 검소하고 단순하며 남에게 관대하게 베푸는 삶을 살아야 한다는 의미이다. 세상의 고통 받고 가난한 사람들에게 그리스도인으로서 할 수 있는 일은 단순한 생활양식simple life을 실천하는 삶이다. 교회는 교회 문 밖 저편에서 살고 있는 사람들을 위해 존재한다. 따라서 우리는 예수 그리스도의 교회의 본질에 대한 다음의 확신을 함께 나눈다.

우리는 믿음의 공동체 내에 있는 사람들의 필요 뿐 아니라 세상 속의 고통받고 가난한 사람들을 긍휼히 여기고 돌아볼 때, 비로소 교회를 향한 예수님의 비전에 더욱 가까워질 수 있다. **교회는 세상을 향한 섬김의 공동체다.**

믿음의 형제자매들과 함께 그리스도를 따르기로 헌신하며 목회 지도자들과 함께 돕고 협력하는 교회의 교인들은 서로의 필요를 돌아보기 시작할 것이다. 서로를 향한 그들의 사랑은 그들 가운데 가난한 자가 없도록 길을 마련해 줄 것이다. 마찬가지로 세상을 긍휼히 여기시는 하나님의 사랑에 대해서 그들이 반응한다면, 그들은 도움이 필요한 사람들에게는 교인이 아닐지라도 함께 나누어 주는 삶을 살 것이다. 그것이 바로 예수님이 원하고 교회를 통해 이루고자 하는 일이다.

토론을 위한 질문

1. 우리 교회는 어디에 가까운가? 천막인가? 아니면 성전에 더 가까운가?

2. 가난한 사람들에 대한 나의 경험은 어떤 것이었나? 그것은 나의 신앙에 어떠한 영향을 미쳤으며 내가 도움을 주었던 사람들에게는 또 어떤 영향을 미쳤는가?

3. 우리 교회의 교인들은 우리 교회가 믿음의 공동체로서 가난한 사람의 필요를 돌아보고 있다고 생각하는가? 아니면 이웃들의 실질적 필요를 채우는 일에서 멀어져 있다고 생각하는가?

4. 현재 우리 교회 안에서 추진되고 있는 일 중에서 공동체의 필요를 더욱 잘 뒷받침하기 위해 해야 할 일은 무엇인가?

초대의 삶

초대하는 공동체
초대받은 공동체
평화의 공동체
상호부조의 공동체
세상을 섬기는 공동체
말씀의 공동체
섬기는 지도자들이 있는 공동체
섬기는 지도자들의 공동체
제자들의 공동체
사랑으로 헌신하는 공동체
사랑으로 서로 책임지는 공동체
진정한 대안
공동체
최우선적인
의도적인 초청
분명한 영성
대안적 권위
자발적인 제자도

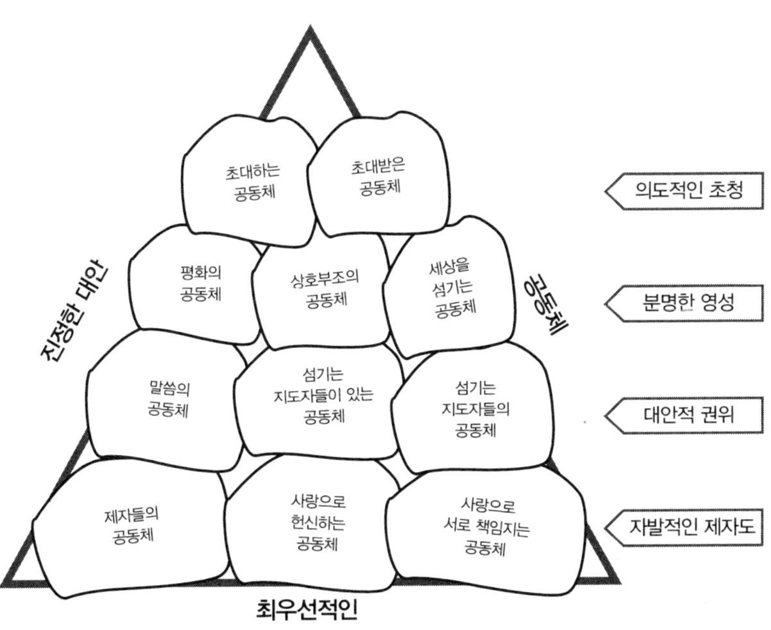

제12장 박물관은 가라

너희는 세상의 소금이니 소금이 만일 그 맛을 잃으면 무엇으로 짜게 하리요 후에는 아무 쓸 데 없어 다만 밖에 버려져 사람에게 밟힐 뿐이니라 너희는 세상의 빛이라 산 위에 있는 동네가 숨겨지지 못할 것이요 사람이 등불을 켜서 말 아래에 두지 아니하고 등경 위에 두나니 이러므로 집 안 모든 사람에게 비치느니라 이같이 너희 빛이 사람 앞에 비치게 하여 그들로 너희 착한 행실을 보고 하늘에 계신 너희 아버지께 영광을 돌리게 하라(마 5:13-16)

반석 위에 세우리라

메노 사이먼스의 증거물

전시 품목 하나: 열정적인 메시지

예수 그리스도와 그의 제자들이 선포한 거룩한 복음이 온 세상에 가르쳐지고 선포된다면 비록 우리의 목숨과 피가 요청되더라도 열정적인 마음으로 이를 수행해 나가야 한다. 이는 주 예수 그리스도께서 그의 제자들에게 이 땅 위에 계실 때 마지막으로 하신 말씀이요 명령이기 때문이다(마 28:19, 마 16:15).[27]

전시 품목 둘: 신선한 전망

우리는 예수 그리스도와 그의 제자들의 가르침을 확인할 수 있는 참된 믿음과 그리스도인의 삶을 구하고, 가르치고, 소원한다. 왜냐하면 선포된 말씀이 믿음으로 받아들여지지 않으면 그 말씀은 모두 헛되고 쓸모없는 것들이기 때문이다. …… 그리고 그 말씀이 사랑으로 행해지지 않을 때, 하나님 앞에서 그 믿음은 헛된 것이고 죽은 것이기 때문이다(히 4:2, 야 2:20).[28]

전시 품목 셋: 열정적 호소

만약 당신이 당신을 향해 끝없이 불타오르는 주 예수 그리스도의 사랑과 선하심과 자비를 신실하게 믿고 받아들인다면, 또한 그가 당신을 위해 아주 겸손한 인간이 되셨으며 높은 하늘에서 이 낮고 천한 곳으로 오셨으며 사랑으로 영원한 하나님 나라를 선포하고 가르치셨으며 사랑으로 기적을 일으키셨으며 사랑으로 기도하셨으며 시련, 근심, 감옥에 갇히는 것으로 고통을 받으셨으며 사랑 안에서 맞으시고 조롱당하고 비웃음당하고, 침 뱉음과 채찍과 가시관과, 쓸개 탄 포도주를 마시며 모욕당하며, 십자가에 달려 죽으셨으며, 당신을 위해 무덤에 묻히셨으며 사랑으로 다시 살아나셨으며, 하늘로 승천하셔서 하나님 아버지 우편에 앉아 계시며, 진홍빛 피로 당신의 신실한 종, 구원자, 구주, 대속자, 중보자, 변호자가 되셨으며, 사랑으로 당신과 세상에 보내지셨으며, 그의 신실한 종들, 그의 거룩한 사도들이 은혜의 말씀으로 보내지신 것 등 이러한 모든 것을 믿는다면, 아무런 장점도 없는 당신에게 그와 같은 크신 은혜와 사랑을 보여주신 그분을 당신은 아무런 의심도 없이 믿게 될 것이다. 그리고 만약 당신이 그가 당신에게 베푸신 사랑과 지금도 사랑하시는 그 사랑으로 돌아온다면, 당신은 그를 따르고 찾는 데 피곤치 않고, 따라서 당신은 그의 복된 뜻을 따라 전혀 책망할 것이 없는 사람으로 살게 될 것이며, 그의 헌신 가운데 당신의 삶을 걸어가게 될 것이다.[29]

전시될 것인가 살아 있는 실체가 될 것인가?

나는 사람들이 교회를 '예수 그리스도에 대한 기억을 보존하기 위한

　　　　　　　　　　　　　　　　　　반석 위에 세우리라

모임이라고 하는 말을 처음 들었을 때 무척이나 기뻐했다. 그러나 그 말이 담고 있는 의미를 알고 그것이 결국 교회를 비아냥거리는 것임을 알았을 때 나는 너무 너무 슬펐다. 나는 이 말이 우리가 내리는 교회에 관한 정의보다 — 특히 외부에서 교회를 보고 있는 사람들에게 — 종종 더 정확하다는 사실을 깨닫게 되었다. 교회는 하나님과 종교에 대한 낡은 생각과 전통들을 보존하고 전시하기 위해 박물관에 기증된 그 무엇과 같다는 느낌을 지울 수 없었다.

전통적인 교회에 속한 많은 사람들은 교회의 참 모습이 이런 박물관 개념이라는 것을 결코 인정하지 않겠지만 이것은 세상 사람들의 교회에 대한 솔직하고도 정확한 관점임을 우리는 부인할 수 없다. 우리는 부활절의 실제 의미도 알고 예수께서 죽은 후 다시 살아나셨다는 것도 잘 알지만, 그리스도께서 살아 계시고 실제로 역사하심을 보여 주는 것 같지 않은 교회 프로그램들을 하면서 매 주일을 보내고 있다. 어떤 사람이 이렇게까지 말한 것이 기억난다. "예수께서 우리 교회에서 말하고 싶은 것이 있다면, 이미 3주 전에 설교자에게 그 내용을 이야기해 주시든지 아니면 광고 시간에 어렵사리 이야기를 꺼내셔야 할 것이다." 그러나 분명한 것은 예수께서는 박물관들이나 지으려고 이 땅에 오시지는 않았다는 것이다!

아주 열정적인 예배를 경험했던 여인이 유럽에서 휴가를 보낼 때의 일이다. 그녀는 여행 중이던 어느 주일 아침, 영국의 한 성공회 성당을 방문하였다. 그리고 설교를 들으면서 열정적으로 "아멘, 형제여, 아멘!"하고 외쳤다. 그녀의 이런 행동에 예배위원이 자제해달라고 요청했다. 그녀는 "나는 마음속으로 정말 예수님을 느끼고 있어요."라고 설명했다. 그러자 예배위원은 "당신이 어떻게 느끼는지는 몰라도 여기서는 그렇게 하시면 안 됩니다."라고 대답했다.

예수께서는 믿음의 공동체를 산 위에 있는 도시와 같으며, 등경 위에 있는 불빛과 같다고 말씀하셨다. 교회는 숨겨져 있지 않고 드러나 보이는 공동체다. 그것은 목적이 있는 분명히 보이는 공동체다. 그렇다면 우리는 무엇 때문에 드러나 보여야 하는가? 우리는 예수 그리스도를 기억하고 그의 삶을 보여 주는 박물관에 불과한가? 아니면 그분의 삶을 따라 사는 사람들인가? 예수님은 교회가 박물관에 있는 어떤 전시품이 아니라 그의 삶과 사역의 발자취를 이 땅에서 따르는 살아 숨쉬는 모범이 되기를 원하신다.

드러나 보이는 삶을 산다는 것은 다른 사람들이 하나님께 영광을 드릴 수 있게끔 영향력 있는 삶을 산다는 것이다. 다시 말하면, 교회의 삶과 행위를 통해 다른 사람들이 그리스도를 발견할 수 있을 정도의 영향력 있는 삶을 살아야 한다는 것이다. 교회는 증거하는 공동체다. 모든 믿음의 공동체는 각각의 독특한 역사와 전통을 갖고 있다. 그러한 역사와 전통을 잘 따른다면 그들은 모든 역사의 주인인 예수 그리스도를 가리킬 것이다. 그러나 만약 그런 전통을 이어가지 않는다면 교회는 바로 그 순간부터 믿음의 공동체가 아닌 박물관이 되어 버리고 말 것이다. 우리는 믿음에 대해 이렇게 의심할 것이다. 사람들은 여기서 무엇을 얻어 갈 수 있을까? 어떻게 그들이 우리의 삶 속에서 그리스도의 임재를 함께 체험할 수 있을

까? 우리는 예수님을 기억하게 해 주는 박물관인가? 아니면 하나님이 임재하시는 살아 있는 믿음의 공동체인가?

예수께서 우리를 사랑하신 것처럼 우리도 사랑의 헌신에 기초해서 진정한 교회를 세우는 사람들이라면 섬기는 지도자들과 협력하며 사랑의 공동체가 되기 위해 노력할 것이다. 그러한 사람들은 믿음의 공동체 식구들뿐 아니라 공동체 밖에서 도움을 필요로 하는 사람들을 만나는 데도 아주 적극적이다. 이렇게 사랑하고 긍휼히 여기는 삶은 다른 사람들을 사랑하고 긍휼히 여기셔서 생명까지도 내어 주신 그리스도의 길을 따르는 것이다. 예수님은 "누구든지 목마르거든 내게로 와서 마시라"(요 7:37)고 우리 모두를 초대하셨다.

그리스도를 삶 속에서 따르기로 분명히 헌신한 회중이라면 예수님의 가르침과 모범을 성경에 나타난 그대로 순종할 것이다. 또한 성경 말씀에 따라 순종하는 교회는 예수님처럼 세상의 폭력에도 복수가 아닌 사랑의 영으로 대할 것이다. 그처럼 고통을 껴안는 사랑으로 증거하는 교회는 타락한 세상을 사랑해서 고난을 겪으셨던 예수 그리스도를 보여 준다. 이러한 증거야말로 참되고 총체적인 증거다. 우리는 "내가 그리스도를 본받은 것 같이 너희도 나를 본받으라"(고전 11:1)고 다른 사람들을 초청한다.

우리의 초청은 모든 사람이 예수 그리스도를 알고 따르기 위한 것이다. 예수께서는 "수고하고 무거운 짐 진 자들아 다 내게로 오라 내가 너희를 쉬게 하리라 나는 마음이 온유하고 겸손하니 나의 멍에를 메고 내게 배우라 그러면 너희 마음이 쉼을 얻으리니 이는 내 멍에는 쉽고 내 짐은 가벼움이라"(마 11:28-30)고 말씀하셨다. 우리가 사람들을 예수님께 초청할 때, 우리는 그분의 사랑과 은혜로 그들을 환영한다. 우리는 예수님의 멍에를 함께 메고 따라야 한다. 우리들의 영혼의 안식은 우리의 주인을 따르고 아는 것에서 온다.

예수님은 교회를 '개인적인 복음 전도' 차원의 너머로 부르셨다. 실제로 예수님의 길은 총체적인corporate 복음 전도를 의미했다. 복음 전도는 단지 각각의 신자들이 서로 떨어져서 고립적으로 하는 어떤 것이 아니다. 그것은 오히려 믿음의 공동체 전체에 대한 증거다. 거기에는 다른 사람들도 우리와 함께 누리기 원하는 예수님의 생명이 들어 있다. 가장 좋은 전도는 그리스도와의 삶을 함께 보여주는 것이다. 그러나 삶의 증거는 말의 증언 없이는 완전하지 않다.

내가 예전에 목회하던 교회에는 "사람들이 너를 통해 예수님을 알고 싶어할 정도의 삶을 살아가라."는 모토를 간직한 장로님 한 분이 있었다. 어느 날 그가 직장에서 휴식 시간에 동료들보다 조금 늦게 휴게실에 도착했을 때의 일이다. 그는 동료들이 자신에 대해 이야기하는 것을 우연히 듣게 되었다. 그 중 한 사람이 말하기를 "그 요나Jonas 장로님 말이지? 아주 좋은 사람인 것 같아." 또 다른 사람 역시 "그래, 나도 그렇게 좋은 사람을 본 적이 없어." 하고 대답했다. 그 순간 그 장로님은 선하게 살아가는 것이 그냥 선한 것으로만 끝나고 사람들은 그의 삶을 통해 주님을 보지 못하고 있음을 깨닫게 되었다. 동료들은 그 장로님이 도덕적인 삶을 살고 있는 것에 대해 칭찬을 아끼지 않았지만 자신들은 그렇게 선한 삶을

반석 위에 세우리라

살지 못할 것이라는 결론을 내린 것이다. 그때 그는 사람들이 자신의 삶에 대해 단지 '어떻게' 살아가는지를 알기보다는 '왜' 그렇게 살고 있는지를 알게 할 필요가 있다는 사실을 깨닫게 되었다.

복음 전도를 위해서는 실제로 두 가지 측면의 노력이 필요하다. 하나는 생활을 통한 증거다. "우리가 예수 그리스도를 알고 따른다는 말은 바로 이것을 의미합니다."라고 믿음의 공동체의 성숙한 삶의 모습을 예로 들어 확신 있게 말할 수 있어야 한다. 우리는 완벽하지 못하다. 그러나 우리는 하나님의 도우심이 있기에 예수님의 삶의 모습 그대로 살아가려고 하는 것이다. 두 번째는 언어를 통한 증거다. 우리는 우리 믿음의 공동체에 사랑의 문을 활짝 열어 놓고 말할 수 있어야 한다. "당신도 우리와 함께 예수 그리스도를 알고 따를 수 있게 되기를 원합니다."

열두 번째 머릿돌

이것이 메노나이트 교회의 비전의 또 다른 특징이다. 교회는 같은 믿음의 삶을 살자고 다른 사람들을 적극적으로 초대하는 믿음의 공동체다. 우리 그리스도인들은 초대하는 사람들이다. 예수님의 영으로 거듭나서 새롭게 제자도의 삶을 살자고 모든 사람을 환영하는 초대의 사람들인 것이다. 그리스도를 진실로 아는 사람들은 그리스도를 함께 따르자고 다른 사람들도 초청하는 사람들이다.

그러한 교회는 신자들만의 세상으로 자신을 분리시키고 신실하게 특유함을 지켜며 살아갈 수는 없다. 그러나 교회가 도움이 필요한 사람들에게 손을 뻗친다면 그것은 그리스도의 초청을 더 넓혀 가는 일일 것이다. 교회는 종교적 행사에 감사하는 사람들을 위한 박물관이 되기보다는, 예수님의 삶과 사역을 그대로 살아내는 실체가 되어야 한다. 그렇게 하기 위해 우리는 그리스도를 알고 따르는 공동의 삶을 살도록 다른 사람들도 함께 초청한다. 따라서 우리는 예수 그리스도 교회의 본질에 대한 다음의 확신을 함께 나눈다.

우리는 일상생활의 초점을 다른 사람들도 역시 우리의 구세주를 알고 따르라고 초청하는 데에 맞출 때, 비로소 교회를 향한 예수의 비전에 더 가까워질 수 있다. 예수 그리스도와 함께하는 삶이야말로 복음을 가장 잘 드러내는 일이다. **교회는 초대하는 공동체다.**

증인들은 법정에서 그들이 무엇을 보았고 무엇을 들었는지에 대해 말해야 한다. 신자들은 바로 성령 하나님의 능력으로 증인으로 소환된 사람들이다. 그러나 초청은 증인됨의 차원을 넘어선다. 초청은 우리가 증거하는 그분을 알리고 사람들이 그분을 만나고 그를 알고 따를 수 있도록 말하는 것이다.

토론을 위한 질문

1. 나의 신앙생활을 통해서 다른 사람들도 예수님에 대해서
알고 경험하기를 원하는 것이 있다면 무엇인가?

2. "당신은 왜 그리스도인이 되었는가?"라고 물어본 사람이
지금까지 있었는가? 그 때 어떻게 대답했는가? 만일 한 번도
그런 질문을 받아보지 않았다면 그 이유는 무엇이라 생각하는
가?

3. 그리스도를 아는 것뿐 아니라 따르도록 초청하는 것이 복
음 전도를 위한 초청에서 얼마나 중요한지 이야기해 보자.

4. 우리 교회가 그리스도를 증거하고 잘 따르도록 다른 사람
들을 초청하는 일을 잘하려면 어떻게 해야 하는가?

제13장 아이스크림 판매대는 가라

　　　　　예수께서 요한이 잡혔음을 들으시고 갈릴리로 물러가
셨다가 나사렛을 떠나 스불론과 납달리 지경 해변에 있는 가버나움
에 가서 사시니 이는 선지자 이사야를 통하여 하신 말씀을 이루려 하
심이라 일렀으되 스불론 땅과 납달리 땅과 요단 강 저편 해변 길과
이방의 갈릴리여 흑암에 앉은 백성이 큰 빛을 보았고 사망의 땅과 그
늘에 앉은 자들에게 빛이 비치었도다 하였느니라 이 때부터 예수께
서 비로소 전파하여 이르시되 회개하라 천국이 가까이 왔느니라 하
시더라 갈릴리 해변에 다니시다가 두 형제 곧 베드로라 하는 시몬과
그의 형제 안드레가 바다에 그물 던지는 것을 보시니 그들은 어부라
말씀하시되 나를 따라오라 내가 너희를 사람을 낚는 어부가 되게 하
리라 하시니 그들이 곧 그물을 버려 두고 예수를 따르니라 거기서 더
가시다가 다른 두 형제 곧 세베대의 아들 야고보와 그의 형제 요한이
그의 아버지 세베대와 함께 배에서 그물 깁는 것을 보시고 부르시니
그들이 곧 배와 아버지를 버려 두고 예수를 따르니라 예수께서 온 갈
릴리에 두루 다니사 그들의 회당에서 가르치시며 천국 복음을 전파
하시며 백성 중의 모든 병과 모든 약한 것을 고치시니(마 4:12-23)

　　　　　　　　　　　　　　　　　　　반석 위에 세우리라

하나님 나라의 세 가지 보고서

보고서 1: 세례 요한

그 때에 세례 요한이 이르러 유대 광야에서 전파하여 말하되 회개하
라 천국이 가까이 왔느니라 하였으니(마 3:1-2)

보고서 2: 예수 그리스도

이 후에 예수께서 각 성과 촌에 두루 다니시며 하나님의 나라를 반포
하시며 그 복음을 전하실새 열두 제자가 함께 하였고 여러 여인들도
함께 하였더라(눅 8:1-2)

보고서 3: 열 두 제자들

예수께서 열두 제자를 불러 모으사 모든 귀신을 제어하며 병을 고치
는 능력과 권위를 주시고 하나님의 나라를 전파하며 앓는 자를 고치
게 하려고 내보내시며(눅 9:1-2)

아이스크림 판매대인가 아니면 레스토랑인가?

우리가 지금 가족들과 함께 저녁 식탁을 준비한다고 가정해 보자. 닭

고기 요리, 으깬 감자, 여러 종류의 야채샐러드가 있고 후식으로는 아이스크림을 준비했다. 이제 어린아이들을 포함해서 모든 가족들이 자리에 앉았다. 감사 기도를 드린 후, "자 마음껏 드세요!"하고 식사를 시작한다. 그런데 여기서 아이들이 가장 먼저 먹을 것은 무엇이라고 생각하는가? 애들이 아이스크림에 먼저 손을 대지 않는다면 오히려 이상할 것이다.

현재 우리 시대의 복음 제시도 거의 같은 양상을 보인다. 죄를 용서받고 영생을 선물로 받으라고는 하면서 자기 십자가를 지고 예수님을 따라가야 한다고는 초대하지 않는다. 그것은 마치 우리의 식탁에 주식은 없고 후식만 놓여 있는 느낌이다. 저녁 식사를 위한 만찬이 준비되어 있음에도 불구하고 우리는 어린아이처럼 주 메뉴를 건너뛰고 후식에만 관심을 쏟고 있는 셈이다. 후식은 모든 식사가 끝났을 때 먹어야 제 맛이 나는 법이다. 따라서 생명을 유지하기 위해 아이스크림만을 먹겠다고 하는 것은 현명하지 못한 일이다. 마찬가지로 우리의 복음 제시도 두 가지 모두를 포함해야 한다.

예수께서는 제자들에게 가르쳐주신 기도를 통해, 하나님 나라가 하늘에서부터 땅으로 도래하기를 기도하게 하신다(마 6:9-10). 그러나 우리는 복음 전도에 관해 기도할 때 사람들로 하여금 거꾸로 땅으로부터 하늘로 들리게 해 달라고 기도하라고 한다. 예수께서 강조하신 것을 거꾸로 가르치고 있는 데 대해 아무런 죄의식도 느끼지 못하는가? 인생의 마지막 순간에 이르게 되면, 사람들은 주님과 함께 할 영생에 대한 확신 때문에 기쁠 것이다. 그러나 현재의 삶 가운데서 우리는 정찬^{main course}을 경험을 해야 한다. 즉 현재 이 땅 위에 예수님의 임재와 능력이 함께한다는 확신이 필요하다. 우리에게 필요한 것은 레스토랑이지 아이스크림 판매대가 아니다.

나는 우리 교회에서 성장하는 젊은이들이 전도를 어떻게 이해하는지 궁금했다. 전도에 대한 경험은 확실히 다양하다. 몇 년 전에 나는 몇 주 간격으로 아주 상반된 경험을 한 적이 있다. 첫 번째 경험은 교회에서 어느 어머니가 아들의 회심 소식을 회중에게 이야기했을 때의 일이다. 어머니는 그 교회에서 자란 자기 아들이 대학교의 성경 공부를 통해 드디어 그리스도를 영접했다는 기쁜 소식을 회중들과 함께 나눴다. 그런데 회중의 반응은 아주 거북하리만큼 조용했다.

나는 의아했다. 그래서 예배 직후, 주일 학교가 시작되기 전 잠깐 동안의 교제 시간에 있던 사람들의 대화에 귀를 기울였다. 어떤 사람들은 아들의 회심이 감동적이었다고 하는 반면에 어떤 사람들은 그 성경 공부 모임에 대해서는 회의적이라고 생각하는 등 교인들은 서로 다른 반응을 보였다. 나는 아들의 회심이 그의 교회가 아닌 다른 성경 공부 모임에서 일어났기 때문에 교인들이 그것을 적절치 않게 여긴다는 느낌을 받기 시작했다. 나는 마음이 불편했고 슬프기까지 했다. 그러면서도 어머니가 아들의 회심에 대해 기뻐한 것처럼 교인들도 그녀의 기쁨을 함께 나눌 수 있기를 바랐다.

몇 주 후에는 다른 교회를 방문했을 때의 일이다. 한 청년이 일어서서 간증을 하고 있었다. 그의 옷차림은 길거리에서 구걸을 하던 모습 그대로였다. 그는 말하기를 일전에 밤길을 걷고 있었는데 그 교회에서 복음을 전하기 위해 나온 교인 한 분을 만났다는 것이다. 그는 그 때 기도하고 자신의 삶을 예수 그리스도께 바치기로 결단했다고 말했다. 젊은이의 간증이 계속되기도 전에 회중들은 감동과 축하의 큰 박수를 보냈다. 그런데 그 즉시 나는 일전에 다른 교회에서 아들의 회심 이야기를 꺼낸 그 어머니가 생각났고 궁금해졌다.

그녀의 아들은 분명히 그리스도와 동행하는 삶을 지속할 보다 더 큰 가능성을 갖고 있었을 것이다. 그러나 그의 교회는 그런 것에 대해 별다른 관심을 보이지 않았다. 두 번째 젊은이는 죄의 문제를 계속해서 극복하기 위해 씨름해야 하고 가야 할 길이 먼 것 같음에도 불구하고 회중들의 반응은 기쁨으로 나타났다. 나는 스스로 묻지 않을 수 없었다. "어째서 한 교회는 머뭇거리고 회의적인 반면, 다른 한 교회는 기뻐하고 환영하는 것일까?" 도대체 왜 이렇게 서로 달리 반응을 하는 것인가?

나는 기쁨과 환호로 반응한 회중들은 '복음 전도에 대해선 적어도 함께 협력하고 인식하는' 평화의 회중이라는 결론을 내렸다. 그들은 하나님의 사람들로서 예수 그리스도를 구세주와 주님으로 받아들이고 다른 사람들도 역시 삶 가운데서 그분을 따르라고 기쁘게 초대하길 원하는 믿음의 공동체 사람들이었다. 그러나 침묵을 지킨 회중들은 해결할 수 없는 문제를 붙들고 씨름하며, 예수님께서 부르신 것에 대해 온전한 평화를 누리지 못하는 사람들이었다.

나는 오늘날 북미의 거의 모든 교회들이 명확한 태도를 결정짓지 못하고 전도와 관련해 씨름하고 있다는 인상을 받는다. 우리 모두는 복음 전도가 중요하다는 것을 알고 있다. 그렇지만 동시에 전통적인 복음주의, 교회부흥으로 연결되는 전도 메시지와 전도 방법에 대해서 불편하게 생각한다. 전통적인 복음의 메시지는 정식보다는 아이스크림 위주의 메시지였다. 그리고 그런 전통적인 방법에서의 복음 전도는 효과적이지 못했다.

우리가 운전하는 시골길 양쪽에는 도랑이 있다. 한 쪽 도랑에 빠지지 않기 위해 너무 갑자기 핸들을 튼다면 아마도 다른 쪽 도랑에 빠질지도 모른다. 나는 사람들을 주일 아침에 교회로 초청하는 것을 '전도'라고 생각하는 주류 개신교 교단에서 성장했다. 그러나 그리스도의 몸 된 교회 안에서 예수 그리스도와의 관계를 개인적으로 발전시킬 수 있는 훈련 같은 것은 받아본 적이 없다. 우리는 실제로 그것의 의미에 대해서조차도 이해하지 못한다. 그렇다면 그것은 우리가 바로 한쪽 도랑에 빠졌음을 뜻한다.

내가 메노나이트 교회를 섬기기 시작한 것은 아주 극적인 회심을 체험한 후였다. 내가 섬긴 첫 번째 메노나이트 교회는 온화한 복음주의 교회였다. 나는 마치 집에 온 것처럼 편안했다. 나는 후에 교회부흥을 위해 아주 공격적으로 전도하는 교회들을 경험하게 되었다. 설교자들은 그리스도에 대한 결단을 끌어내기 위해 사랑보다는 공포, 죄의식, 감정 조작 같은 방법을 이용했다. 그들은 반대편에 놓인 또 다른 도랑에 빠져 있었다. 오늘날 그런 회중의 일부가 앞서 말한 내가 성장했던 교회의 복음 전도 쪽으로 급히 핸들을 틀고 있다. 이와 같이 우리는 이쪽 도랑에서 저쪽 도랑으로 왔다 갔다 하는 모습을 보인다.

교회부흥을 위한 전통적인 전도 방법들에 대해서 우리가 의심하는 데에는 그럴 만한 이유가 있다. 개인 전도는 개인적인 차원에서 이루어질 뿐이며 대부분의 회중들은 그에 대한 전체 그림의 개념이 없다. '복음을 선포하는 것'은 전도자의 역할이고, 그것은 종종 죄책감과 그리스도를 모르는 불신자들의 운명이 어떻게 될 것인가라는 것을 강조하는 것으로 이해되었다. 그런 경우 개인은 "그리스도에 대한 공적인 결단을 내리고 난 후에야 당신은 이제 구원 받았습니다!"라는 말을 듣는 것으로 해결책을 제시받는다. 그렇지만 메노나이트들이 그런 상황에 놓인다면 대부분은 그런 전도 방법에 대해서 결코 편안함을 느끼지 못할 것이다.

그러한 방법은 복음의 메시지를 구하는 사람들과 이미 신자가 된 사람들 사이의 개인적인 관계를 완전히 단절시킬 수도 있다. 풀러 신학대학교의 칼 조지^{Carl George} 교수는 성령께서는 불신자들에게도 구주가 필요함을 깨닫게 하시는 능력이 있는데 그런 성령의 능력과 불신자들이 신자 된 친구와도 관계를 맺고자 하는 것이 있는데 이 둘 사이에는 직접적인 상관관계가 있다고 했다. 메노나이트들은 이 말에 적극 동의할 것이다. 전인격적인 관계가 수반되지 않는 전도 방법은 우리 교회의 비전과는 사뭇 다른 것 같다.

대부분의 메노나이트들은 집집을 돌아다니면서 '로마로 가는 길'^{Roman Road} 혹은 '사영리'같은 소책자로 낯선 사람에게 복음을 전하는 것보다는 '관

 반석 위에 세우리라

계 전도'friendship evangelism라는 접근 방식에 익숙하다. 그러나 문제는 대부분의 우리 그리스도인들이 불신자들과 더 이상 별다른 관계를 맺지 않고 살아가고 있다는 점이다. 우리가 교회 부흥을 위한 전도와 그 전통적인 방법을 비판하면서도 한편으로는 우리 자신을 믿지 않는 사람들로부터 분리한 채 그들과 어떠한 관계도 맺지 않고 살아간다는 것은 또 다른 문제가 아닐 수 없다. 우리가 한쪽의 도랑을 피할 수 있는지는 모르지만 또 다른 도랑에 빠져 있는 꼴이다.

우리는 오늘날 전도라고 하면서 성도들을 고작 이 교회에서 저 교회로 옮겨 다니게 하고 있다. 복음의 메시지가 교회 안에서만 울려 퍼진다면 듣는 사람은 우리 아이들이나 이따금씩 방문하는 방문객뿐일 것이다. 우리 시대의 기독교는 신자들만을 위하고, 신자들에 의한, 신자들만의 공동체가 되어 가고 있다는 커다란 위험에 직면해 있다. 교회는 그러한 모습으로 살아가라고 세워진 것이 아니며 그것은 초기 재세례신앙의 비전과도 일치하지 않는다.

오직 정식 식사를 제공함으로써만 아이스크림 판매대를 피할 수 있다. 그런 레스토랑이 되고자 한다면 우리는 모든 사람들이 찾아올 수 있도록 문을 열어 놓아야 한다. 그것이 예수께서 우리에게 보여 주시는 믿음의 공동체에 대한 도전이요 비전이다. 예수님은 개방적이고 개인적이며 신중한 방식으로 하나님 나라를 제시하셨다. 예수님은 사람들이 찾아오기를 기다리지 않으셨다. 물론 몇몇 사람들이 그를 찾아오기도 했으나 대개는 직접 사람들을 찾아가셨다. 그러면서도 예수님은 친구 차원에서 메시지를 전하셨다(요 15:14-15). 그는 말씀을 전하셨고 그 말씀대로 사셨다. 더 나아가서 제자들도 그와 같은 삶을 살도록 가르치셨다.

열세 번째 머릿돌

우리가 도달하고 있는 교회의 비전은 다른 사람들을 아주 의욕적으로 초청하는 믿음의 공동체다. 그것은 한 신자가 믿지 않는 사람을 초청하는 단지 '개인적인 전도'의 차원을 넘어선다. 그것은 많은 신자들이 믿지 않는 사람을 그리스도께로 인도하기 위해 함께 기도하고, 사랑하고, 돌보는 모든 노력을 합한 것 이상이다. 전도는 신실한 교회의 임무일 뿐 아니라 교회의 본질이라 할 수 있다. 불이 타기 위해서 존재하는 것처럼 교회는 선교^{mission}하기 위해 존재한다.

우리가 도달하고 있는 교회의 비전은, 하나님 나라의 복음이 양방향으로 아주 잘 교통케 하는 믿음의 공동체다. 우리가 사람들을 초대하는 것은 정식 식사$^{full\text{-}course\ meal}$에 참예하게 하기 위함이다. 그것은 단순히 하나님 나라에 가기 위한 개인적인 표를 얻으려는 시도라기보다는, 하나님의 창조적인 능력으로 하나님 나라의 공동체를 형성하기 위한 사람들을 모집하는 것이라 할 수 있다. 그 결과 우리는 예수 그리스도 교회의 본질에 대한 확신을 다음과 같이 나눈다.

우리가 다른 사람들을 믿음으로 초청할 때 그것은 단지 믿음의 공동체가 할 일이기 때문만은 아니며 교회의 본질이기 때문이다.

그렇게 함으로써 우리는 비로소 교회를 향한 예수님의 비전에 더 가까워질 수 있다. 우리가 나누는 복음의 메시지는 단순히 하늘에 있는 하나님 나라에 이르기 위한 것이 아니라 이 땅 위에서도 하나님 나라가 임하도록 하는 것이다. 따라서 **교회는 초대받은 공동체다.**

예수 그리스도께 충성하고 그의 가르침과 삶에 순종하며, 평화의 길을 따르는 것에 뿌리를 둔 믿음의 공동체야말로 하나님의 나라를 진정으로 선포할 수 있다. 서로 헌신하고 섬기는 목회를 통해 하나가 되며, 다른 사람들에게 긍휼의 손길을 뻗치는 것에 뿌리를 둔 사랑의 공동체야말로 다른 사람들을 진정으로 환영할 수 있다. 이것이 교회를 향한 예수 그리스도의 비전이다.

토론을 위한 질문

1. 내가 성장하는 동안에 경험한 복음 전도의 방법은 어떠한 것이었는가? '아이스크림'에 가까웠는가? 아니면 '풀코스의 식사'에 더 가까웠는가?

2. 우리 교회는 다른 사람들을 기쁨으로 초청하는 믿음의 공동체인가? 아니면 그러한 선교 사명의 정체성을 놓고 씨름하고 있는가?

3. 나는 개인적으로 믿지 않는 사람들과도 관계를 맺고 살아가는가? 우리 교회가 믿지 않는 사람들과의 관계를 소홀히 하고 있다면 그것이 문제가 된다고 생각하는가?

4. 우리 교회가 믿음의 가족은 물론 그리스도 밖에 있는 사람들이 진정으로 매력을 느끼는, 증거하는 공동체가 되기 위해서 할 일은 무엇인가?

반석 위에 세워진 교회

초대하는 공동체
초대받은 공동체
의도적인 초청
평화의 공동체
상호부조의 공동체
세상을 섬기는 공동체
분명한 영성
말씀의 공동체
섬기는 지도자들이 있는 공동체
섬기는 지도자들의 공동체
대안적 권위
제자들의 공동체
사랑으로 헌신하는 공동체
사랑으로 서로 책임지는 공동체
자발적인 제자도
진정한 대안
공동체
최우선적인
이 닦아 둔 것 외에 능히 다른 터를 닦아 둘 자가 없으니
이 터는 곧 예수 그리스도라 (고전 3:11)

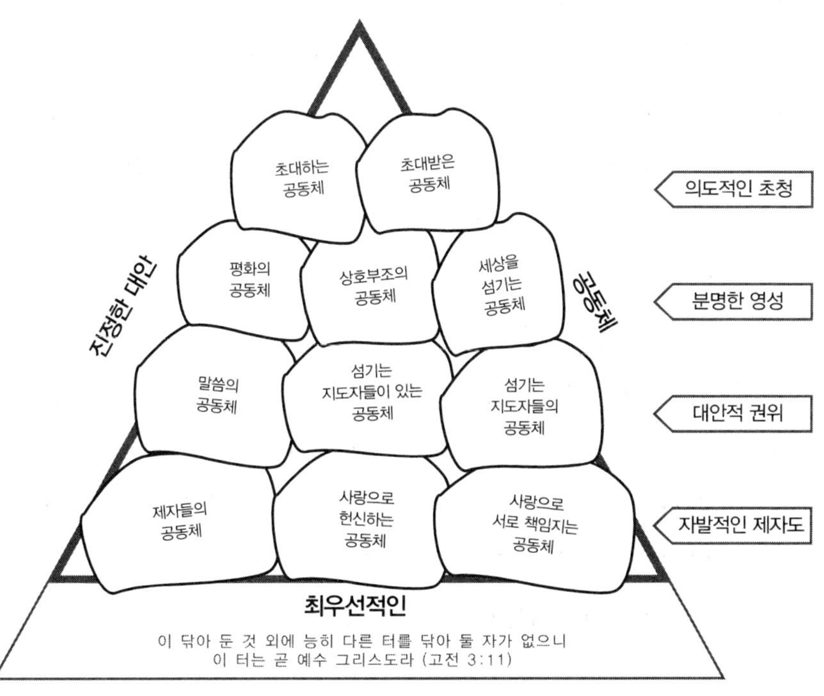

제14장 폭풍아 어서 오라

예수께서는 그의 말씀을 듣고 이를 잘 실천하는 사람들은 마치 견고한 반석 위에 집을 짓는 지혜로운 사람 같다고 말씀하셨다. 한번 집이 완성되면 그것은 비바람과 홍수를 견뎌 내고 견고히 서 있어야 한다. 나는 이 모든 말씀을 공부하고 책으로 쓰면서 예수님의 이 권면의 말씀을 내내 기억하였다. 만약 우리가 그의 말씀을 듣고 실행에 옮기면 우리는 지혜로운 건축가가 될 것이다. 책을 맺는 이 순간에도 나는 여전히 그 말씀을 듣고 있다.

이 책에서 설명하고자 했던 교회에 대한 관점은 내가 메노나이트 그리스도인으로서 우리의 정체성의 핵심으로 믿는 교회에 대한 비전이다. 나는 이와 같은 비전을 따라 정진하는 것이 우리가 예수 그리스도의 비전에 더 가까워지는 것임을 믿는다. 예수께서 다시 오시기 전에 보다 더 밝은 빛의 비전이 주어질 수 있겠으나, 이러한 비전으로 시작한다면 하나님께서는 당신의 목적을 더욱 더 분명히 드러내실 수 있을 것이다.

독특한 정의

그러면 우리가 발견한 하나님의 목적은 무엇인가? 우리가 이해하는 바 교회의 정의는 우리 자신의 경험 및 고유한 관점에 의해 형성된 것임을 알 수 있다. 우리의 전통과 문화에 따라 교회를 바라보는 관점은 예수님의 삶과 가르침에 항상 부합하지는 않았음도 깨달았다. 우리는 또한 교회에 관한 메노나이트 공동체의 관점이 성례나 말씀 선포를 중심으로 하는 교회들과는 분명히 다르다는 것을 인정한다. 우리는 교회를 가장 우선되고, 궁극적 대안이 되는, 믿음의 공동체라고 정의한다.

성실한 제자도

이러한 믿음의 공동체가 된다는 것은 회심에 대한 관점이 다르다는 것을 의미한다. 새로 태어난 경험을 통해 주님을 향한 진정한 방향 전환이 시작되지만, 이것은 그리스도께 대한 평생의 신실한 헌신으로 바뀌어야 한다. 따라서 교회는 제자들의 공동체이어야만 한다. 그러한 공동체가 된다는 것은 특별히 서로에 대한 사랑과 헌신을 요구한다. 우리는 혼자서는 그리스도의 제자가 될 수 없다는 것을 발견했다. 우리는 그리스도인의 삶을 살기 위해 서로를 필요로 한다. 이것은 하나님께서 우리에게 기대하시는 형제자매로서 서로를 향한 헌신이다. 우리는 교회가 헌신된 공동체라는 것을 인식하기 시작했다. 이러한 교회의 비전은 하나님의 우리를 향

한 헌신, 우리의 하나님을 향한 헌신, 그리고 하나님 앞에서 서로를 향한
우리의 공동 언약에 기초한다.

대 안 적 권 위

이러한 믿음의 공동체가 된다는 것은, 우리에게 대안적 권위라는 비
전이 있다는 것을 의미한다. 무엇보다도 성경이 우리에게 최고의 권위이
다. 왜냐하면 그것은 우리가 어떻게 살아야 하는가에 대한 하나님의 뜻을
드러내 주고 있기 때문이다. 이러한 믿음의 공동체가 되기 위하여, 우리
는 순종하는 마음으로 성경에 접근해야 한다. 또한 우리는 교회 내의 지
도자의 권위에 대해서도 다른 관점을 갖고 있다. 목사들을 엘리트로 보기
보다는 회중의 한 부분으로 이해한다. 목사들이 일반 신자들과 다른 것은
그들이 하는 업무와 은사이지 지위가 다른 것이 아니다. 지도자의 권위
는 회중에 의해 부여되며 그것은 또한 각각의 신자들을 전체 회중으로 연
합하게 하기 위한 것이다. 따라서 목사들은 하나님의 일을 수행함에 있어
회중들과 함께하는 협력자라는 의미를 가진다.

분 명 한 영 성

이러한 믿음의 공동체가 된다는 것은 또한 우리의 영성에 대한 관점
이 특별하다는 것을 의미한다. 이 세대가 직면한 폭력을 또 다른 폭력으

                                            반석 위에 세우리라

로 해결하려 하기보다는 예수님의 성령이 사랑의 영이심을 믿는다. 그렇게 하는 것은 다른 쪽 뺨을 돌려 대는 것이며, 악을 선으로 갚는 것이며, 사랑의 행위로 원수를 굴복시키는 것을 의미한다. 성령 충만하다는 의미는 예수님의 성품으로 충만해지는 것이다. 이것은 이 시대의 난폭한 영에 반대되는 것이다. 이러한 믿음의 공동체가 되기 위하여 우리는 가난하고 도움을 필요로 하는 사람들을 긍휼히 여긴다. 예수님의 영은 길들일 수 있는 것이 아니며 그리스도인의 공동체 안에만 머물러 있을 수 없다. 우리는 성령의 인도를 받으면서 세상의 필요에 반응해야 한다.

의 도 적 인 초 대

이러한 믿음의 공동체가 된다는 것은 결국 초대하는 사람들이 된다는 것을 의미한다. 전도는 단지 몇몇 신자들의 개인적인 임무가 아니라 전체 회중의 임무다. 그것은 단지 믿음의 공동체가 해야 할 일이 아니라 공동체의 본질 그 자체이다. 교회는 초청하는 사람들이다. 그런 까닭에 우리는 복음의 말씀과 방법에 대해 보다 더 명확하게 반응해야 한다. 말씀은 하나님의 나라를 이 땅 위에서 경험하고 확장하기 위해 사람들을 초청하는 것을 말한다. 방법은 사랑과 정직, 총체적인 인간 관계를 통해 이루어진다. 교회는 초대하는 공동체이며 또한 초대받은 공동체이기도 하다.

나는 여러분이 메노나이트 믿음의 공동체의 중심에 놓인 교회에 대한 이러한 비전을 이해할 수 있기를 기도한다. 나는 여러분이 교회에 대한 이러한 비전을 잘 이해하면 할수록 그것이 예수님께서 원하시는 방법이라는 결론을 우리와 함께 내리기를 기도한다. 이러한 비전을 이해하는 가운데 당신의 모든 것이 현실로 드러나기를 그리고 하나님께 영광 드리기를 기원한다. 그렇다면 우리는 이렇게 말할 수 있을 것이다. "폭풍아 어서 오라, 우리는 반석 위에 집을 짓고 있으니!"

| 역주 |

a) 이 책에서는 congregation을 상황과 문맥에 맞게 회중 또는 교회로도 번역했다.

b) 여기서 후기 기독교사회의 압력이란 순수했던 초대교회의 신앙이 콘스탄틴 황제의 기독교 공인 이후 점점 세속화 된 것에 기인한 말이다.

c) 이 책에서 자주 등장하는 "비전"(vision)이라는 말에는 우리가 일반적으로 이해하는 '미래에 대한 구상 또는 앞날의 비전'이라는 뜻 이외에도 관점(perspective), 목적(purpose), 뜻(intent)의 의미가 포함되어 있다.

d) Radical Retormation에서 radical은 원래 라틴어 "radix"(뿌리)에서 온 말이며, 16세기 재세례신앙 운동 역시 '급진적 개혁'이었다기보다는 초대교회로 돌아가야 한다는 뜻에서 시작되었기에 이를 근본적 개혁(Radical Reformation) 운동이었다고 보는 것이 타당하다.

| 미주 |

1) *Laetentur Coeli* (Let the heavens rejoice), "Decree of the Council of Florence," 1439. In *New Catholic Encyclopedia* (New York: McGraw Hill, 1967), 11:77

2) Martin Luther, "Against the Roman Papacy, an Institution of the Devil." In *Luther's Works*, ed. By Eric W. Gritch (Philadelphia: Fortress Press, 1966), 41:314.

3) Pilgram Marpeck, "The Admonition of 1542." In *The Writings of Pilgram Marpeck*, trans. And ed. By William Klassen and Walter Klassen (Scottdale, Pa.: Herald Press, 1978), 230

4) Pope Pius XII, "Mediator Dei," 66. In *Acta Apostolicae Sedis, Commentarium Officiale* (Rome: Libreria Editrice Vaticana, 1947), 39: 521-59

5) Martin Luther and philipp Melanchthon, "Augsburg Confession, Articla VIII: Of the Church "In *The Book of Concord*, trans. And ed. By Theodore G. Tappert (Philadelphia: Fortress Press, 1959), 32.

6) Robert Stupperich, *Die Schriften Bernhard Rothmann* (Münster i. Westfalen: Aschendorffsche Verlagsbuchhandlung, 1970), 24

7) Balthasar Hubmaier, "The Sum of a Christian Life." In *Quellen Zur Geschichte der Täufer in der Schweiz*, 2 Band: *Ostschweiz*, ed. By Heinold Fast (Zurich: Theologisher Verlag, 1973), 111-11

8) Melchior Hoffman, "Ordinance of God," 1530. In *Spiritual and Anabaptist Writers*, ed. By George H. Williams and A. M. Mergal (Philadelphia: Westminster Press, 1957), 186-188.

9) Menno Simons, "Foundations," 1539. In *The Complete Writings of Menno Simons*, trans. By Leonard Verduin, ed; by J.C. Wanger (Scottdale, Pa.:Herald Press, 1956), 125.

10) Hans Denck, "The Contention That Scripture Says," 1526. In *Schriften*, 2. Teil: *Religiöse Schriften*, ed. By Walter Fellmann (Gütersloh: C. Bertelsmann Verlag, 1956), 45, 50.

11) Micharl Sattler, "Letter to the Church at Horb," 1527. In *The Legacy of Michael Sattler*, trans. And ed. By John H. Yoder (Scottdale, Pa.: Herald Press, 1973), 59

12) Ulrich Stadler, "Cherished Instructions," about 1537. In *Spiritual and Anabaptist Writers*, 27

13) Dirk Philips, "Refutation of Two Letters of Sebastian Frank, "about 1563. In Enchiridion, trans. By A.B.Kolb (Aylmer, Ont.: Pathway Publishing Corp., 1966). English trans. Rev.by Walter Klaassen, based on *Der Geshriften van Dirk Philipsz, Biblotheca Reformatoria Neerlandica*, ed. By S. Cramer and F. Pijper (Nijhoff, Netherlands, 1914), 10:206

14) Bernhard Rothmann, "Restitution," 1534. In *Quellen zur Geschichte der Täufer in der Schweiz*, 5 Band: Bayern, 2. *Abteilung*, ed. By Karl Schornbaum (Gütersloh: C. Bertelsmann verlag, 1951), 22

15) Michael Sattler, "Schleitheim Confession," 127. In *The Legacy of Michael*

   반석 위에 세우리라

Sattler, 38-39

16) Hans Hotz, "Bern Colloquy," 1538. In Quellen zur Geshichte der Täufer in der Schweiz, 4 Band: *Drei Täfergespträche*, ed by Martin Haas (Zurich: Theologisher Verlag, 1974), 287-28

17) Peter Riedemann, "Concerning Election," 1542. In Account of Our Religion, Doctrine, and Faith (London: Hodder and Stoughton, and Rifton, N.Y.:Plough Publishing 1950), 81

18) Samuel Geiser, "An Ancient Anbaptist Witness for Nonresistance, 1525, *"Mennonite Quarterly Review* 25(Jan. 1915): 66-69, 72

19) Peter Riedemann, *"Concerning the Making of Swords,"* 1542. In *Account of Our Religion, Doctrine and Faith*, 111-112.

20) Menno Simons, "Reply to False Accusations," 1552. In *The Complete Writings of Menno Simons*, 554

21) Ronald Sider, "God's People Reconciling." In *Proceedings, Mennonite World Conference, XI Assembly, Strasbourg*, 1984 (lombard, Ill.: Mennonite World Conference, 1984), 252

22) Peter Riedemann, "Concerning Warfare," 1542. In *Account of Our Religion, Doctrine and Faith, 109*

23) Ulrich Stadler, "Cherished Instructions," about 1537. In *Spiritual and Anabaptist Writers*, 284.

24) Balthasar Hubmaier, "Conversation on Zwingli's Book on Baptism," 1526. In *The Writings of Balthasar Hubmaier*, Collected and photographed by W. O. Lewis, trans. And ed. By Geroge D. Davidson, English trans. Rev. by Walter Klaassen (microfilm at Conrad Grebel College, Waterloo, Ont., 1939),2:157.

25) Dirk Philips, "The Evangelical Ban and Shunning," 1602. In *Enchiridion*, 391-393

26) Menno Simons, "Why I Do Not Cease Teaching and Writing," 1539. In *the*

Complete Writings of Mennon Simons, 307.

27) Menno Simons, "Why I Do Not Cease Teaching and Writing," 1539. In the *Complete Writings of Mennon Simons*, 303.

28) Menno Simons, "Why I Do Not Cease Teaching and Writing," 1539. In the *Complete Writings of Mennon Simons*, 304.

29) Menno Simons, "Why I Do Not Cease Teaching and Writing," 1539. In the *Complete Writings of Mennon Simons*, 306- 307.

| 참고자료 |

아래의 참고서적은 대부분 헤럴드 출판사^{Herald Press}의 책들이며, 다른 출판사인 경우에는 출판사를 별도로 표기했다.

Barrett. Lois. *Building the House Church*. 1986.

Becker, Palmer. Called to Care: *A Training Manual for Small Group Leaders*. 1993.

Becker, Palmer. *Called to Equip A Training Resource Manual for Pastors*. 1993.

Bender, H.S. *These Are My People*. 1962.

Bender, H.S. Anabaptist Vision. 1944. / *재세례신앙의 비전, 김복기 역*, KAP, 2009.

Bender, H.S. "Church" In *The Mennonite Encyclopedia*, 1:594-598. Vols. 1-4, ed. by C. Krahn et al., 1955-59

Birkey. Del. The House Church : *A Model for Renewing the Church*. 1988.

Bontrager. G.Edwin, and Nathan D. Showalter. *It Can Happen Today! Principles of Church Growth from the Book of Acts*. 1986.

Byler, Dennis. *Making War and Making Peace: Why some Christians Fight and Some Don't*. 1989.

Caes, David. *Caring for the Least of These*. 1992.

Drescher. John M. *Why I Am a Conscientious Objector*. 1982.

Dyck, Cornelius J. *An Introduction to Mennonite History: A Popular History of the Anabaptists and the Mennonites*. Rev. 3d ed., 1993.

Dyck, Cornelius J. "Church, Doctrine of." In The Mennonite Encyclopedia, 5:150-152. Vol. 5 ed. by C.J. Dyck et al. 1990.

Dyck, Cornelius J. *Spiritual life. in Anabaptism*. 1995.

Gwyn, Douglas, et al. *A Declaration on Peace*: *In God's People the World's Renewal Has Begun*. 1990.

Halteman, James. *The Clashing Worlds of Economics and Faith*. 1957.

Harder. Leland. *Doors to Lock and Doors to Open* : The Discerning Peple of God. 1993.

Hershberger, Guy F., ed. *The Recovery of the Anabaptist Vision*. 1957.

Jeschke, Marlin. *Discipling in the Church*: *Recovering a Ministry of the Gospel*. Rev. expanded ed., 1988.

Klaassen, Walter. *Anabaptistm in Ouline*: *Selected Primary Sources*. 1981.

Klaassen, Walter. *Anabaptism*: *Neither Catholic nor Protestant*. Waterloo: Conrad Press, 1973.

Klassen, Rudolph J. *Jesus' Word, Jesus' Way*. 1992.

Kraus, C. Norman. *The Community of the Spirit*: *How the Church Is in the World*. 1993.

Littell, Franklin H. *The Origins of Sectatian Protestantism*: *A Study of the Anabaptist View of the Church*. New York: Macmillan, 1964.

Loewen, Harry, and Steven Nolt, with Carol Duerksen and Elwood Yoder. *Through Fire and Water: An Overview of Mennonite History*. 1995.

Marchall, Jay, W. *The Ten Commandments and Christian Community*. 1995.

Mummert, J.Ronald, with Jeff Bach. *Refugee Ministry in the Local Congregation*. 1992.

Schmitt, Abraham and Dorothy. *When a Congregation Cares: A New Approach to*

Crisis Ministries. 1984.

Shenk, David W., and Ervin R. Stutzman, *Creating Communities of the Kingdom: New Testament Medels of Church Planting*. 1988.

Shenk, David W. *God's Call to Mission*. 1994.

Shenk, Wibert R. *The Church in Mission*. 1984.

Sider, Ronald J. *Christ and Violence*. 1979.

Smith, Christian. *Going to the Root*: *Wine Proposals for Radical Church Renewal*. 1992.

Smith, Luther E., Jr.*Intimacy and Mission*: *Intentional Community as Crucible for Radical Discipleship*, 1994.

Steiner, Susan Clemmer. *Joining the Army That Sheds No Blood*. 1982.

Stutzman, Ervin R. *Welcome! A Biblical and Practical Guide to Receiving New Members*. 1990.

Weaver, J. Denny. *Becoming Anabaptist*. 1987.

Wenger, A. Grace, and Dave and Neta Jackson. *Witness*: *Empowering the Church Through Worship, Community, and Mission*. 1989.

Wenger, J.C. *What Mennonites Believe*. Rev. ed., 1991.

Wenger, J.C. *The Family of Faith*. 1981.

Yoder, John H. Neverthless: *The Varieties and Shortcomings of Religious Pacifism*. Rev. 3d ed., 1992./
　『그럼에도 불구하고』 이성하 · 전남식 옮김, 도서출판 대장간, 2011.

Yoder, John H. *What Would You Do [if a violent person threatened to harm a loved one]? A Seroius Answer to a Standard Question*. Expanded ed., 1992./
　『당신이라면?』 임형권 옮김, 도서출판 대장간, 2012.

Zunkel, C. Wayne. *Church Growth Under Fire*. 1987.

KAP의 책들

■ 공동체 시리즈

완전한 사랑의 공동체 | 안드레아스 에렌프라이즈 지음, 전영표 옮김

후터라이트 형제들의 위대한 지도자 중 한 사람인 안드레아스 에렌프라이즈는 백년 전 야콥 후터와 피터 리더만에 버금가는 탁월한 업적을 남겼다. 이 책은 자신이 세상에서 분리된 백성이 되기를 원한다고 자랑하는 모든 사람들(특히 메노나이트, 스위스 형제들 외)에게 보낸 서신이었다. 에렌프라이즈는 교회가 그 목적인 그리스도의 명령을 따르고 제자들의 교회가 되기 위해서는 완전한 재산공유 공동체가 반드시 필요하다는 것을 주장했다.

후터라이트 사람들, 그 삶의 이야기 | 존 A. 호스테들러 지음, 김복기 옮김

후터라이트는 온갖 박해와 역경 속에서도 450년 동안 초대교회 그리스도인들이 실행했던 성경적 나눔의 삶을 살아가고 있는 크리스천 공동체다. 외부세계와는 단절된 채 살아가지만 결코 외로움과 소외감을 느끼지 않으며, 부자도 가난한 사람도 없고, 개개인들이 결코 먹을 것과 입을 것, 집과 노후 대책을 걱정할 필요가 없는 후터라이트 사람들의 삶을 소개한다.

메노나이트 신앙고백 | 메노나이트 신앙고백 편찬위원회 지음, 김경중 옮김

이 책은 기독교의 기본 진리를 아나뱁티스트·메노나이트 관점에서 체계적으로 소개한 신앙고백서다.

평화교회는 가능한가? | 알렌 & 엘레노르 크라이더 지음, 고영목·김경중 옮김

기독교의 평화주의 전통을 되새겨보며 평화를 위한 교회의 소명을 일깨워주는 책이다. 오늘날 폭력과 전쟁이 난무하는 세상에서 그리스도인의 성경적 평화의 관점을 재조명하고 새롭게 정립하는데 많은 도움을 준다.

후터라이트 공동체의 역사 | 존 호퍼 지음, 김복기 옮김

후터라이트 형제단의 역사는 종교적 관심에 최고의 가치를 두며 경건함을 통해 자신들의 삶을 가장 올바로 살려고 했던 사람들이다. 후터라이트 역사에 대해 기록한 이 책은 후터라이트 아이들로 하여금 자신들의 역사에 대해서 잘 알도록 하며 역사적 사실들에 대해 보다 친숙하게 하며 자신들의 역사에 감사하는 마음을 가질 수 있도록 기록되었다.

초대 교회의 예배와 전도 | 알렌 크라이더 지음, 허현 옮김

초대 교회 시대에 행해졌던 예배와 전도의 상관관계에 대한 성경적, 실천적 그리고 역사적 탐구를 시도한 책이다. 초대 교회의 예배와 전도를 통해 그리스도인 공동체를 선명하고도 생생하게 그려냈고, 오늘날 전도의 본질에 대한 새로운 관점과 도전을 제시하고 있다.

■ 재세례신앙 시리즈

재세례신앙의 씨앗으로부터 | 아놀드 스나이더 지음, 김복기 옮김

재세례신앙의 역사적 교훈과 실천 내용을 간략하게 요약한 이 책은 재세례신앙 운동의 정체성에 관한 신뢰할 만한 자료가 될 것이다. 이 책은 재세례신앙 운동에 대해 알고 싶어 하는 전 세계의 교회와 그리스도인들이 서로 대화를 나눌 수 있는 신앙 교류의 출발점이 되리라는 바람에서 기획되었다.

메노나이트 이야기 | 루디 배르근 지음, 김복기 옮김

믿음과 교회에 대한 본질적인 질문을 던지는 책이다. 16세기 아나뱁티스트 · 메노나이트 교회가 생긴 이래부터 현재까지 그 역사적 발자취를 따라가다 보면, 그리스도의 참된 제자가 되고자 고난을 선택했던 그 삶을 이해할 수 있다.

반석 위에 세우리라

클라우스 펠빙거의 신앙고백 | 클라우스 펠빙거 지음, 전영표 옮김

수많은 후터라이트 순교자들 가운데 한 사람인 펠빙거는 자신과 공동체가 믿는 진리를 생명을 바쳐 증언했다. 그는 짧은 생을 살았고, 많은 저술이나 빛나는 업적을 남기지도 않았지만 자신의 생명의 바친 이 작은 신앙고백은 후터라이트 형제들에게 매우 값진 영적 유산이 되었다.

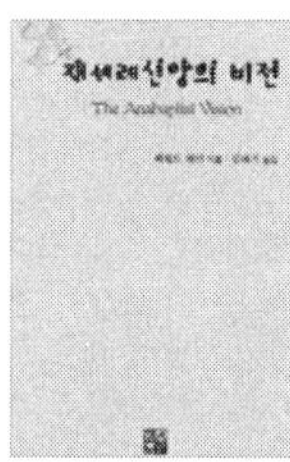

재세례신앙의 비전 | 헤럴드 벤더 지음, 김복기 옮김

재세례신앙의 비전은 20세기 메노나이트 학자였던 헤럴드 벤더가 1942년 미국 교회에 던졌던 충격적인 연선문이자 논문의 제목이었다. 이 책에서 벤더는 그 동안 개신교의 역사 속에 종교개혁이 어떻게 다시금 복음의 본질에서 벗어나게 되었는지 설명하면서, 평화의 왕이신 그리스도의 이름과 그의 영으로 모이는 신실한 제자들을 위한 재세례신앙의 비전을 제시하고 있다.

아나뱁티스트 크리스천 | 파머 베커 지음, 김복기 옮김

이 책에서 저자는 일반적으로 알려진 성경과는 맞지 않는 기존의 기독교적 관점과 아나뱁티스트의 관점의 차이를 대조하면서 예수 그리스도에 대한 새로운 시각을 제공하고 이 땅의 교회가 예수 그리스도의 몸을 세우는 데 보다 충실하여 세상 속에서 하나님의 화해 사역에 열정적으로 동참할 것을 독자들에게 호소하고 있다.

■ 평화 시리즈

평화와 화해의 새로운 패러다임 | 히즈키아스 아세파 지음, 이재영 옮김

이 책은 아프리카를 배경으로 쓰였지만, 평화와 화해에 대한 이해의 폭을 넓힐 뿐 아니라 오늘날의 국내외적 갈등과 분쟁상황에도 매우 유익한 평화와 화해의 기본 안내서가 될 것이다.

초기 그리스도인들이 본 전쟁과 평화 | 존 드라이버 지음, 이상규 옮김

이 책은 비록 작은 책이지만 초기 기독교 지도자들과 교회 공동체가 전쟁과 평화에 대해 어떻게 이해하고 가르쳤는가를 보여 주고 있다. 동시에 초기 기독교가 가르쳐 온 평화사상이 4세기 이후 어떻게 변질되었는가에 대해 소중한 가르침을 주고 있다. 서구에서의 평화사상, 혹은 평화운동은 근원적으로 기독교적 배경에서 시원(始原)하였다는 점을 고려해 볼 때 초기 기독교회의 가르침은 오늘 우리에게 귀중한 가르침을 줄 것이다.

회복적 정의란 무엇인가 | 하워드 제어 지음, 손진 옮김

이 책이 제시하는 주장은 단순하다. "어떤 법이 위반되었는가? 누가 위반하였는가? 어떤 형벌이 마땅한가?"등 기존 사법제도의 근간이 되는 질문에 초점을 맞추는 이상 진정한 의미에서의 정의를 달성할 수 없다는 것이다. 진정한 정의는 "누가 상처 입었는가? 그들의 요구는 무엇인가? 이것은 누구의 의무이고 책임인가? 이러한 상황에 누가 관여해야하는가? 어떤 절차를 통하여 해법을 찾을 있는가?"와 같은 질문을 요구한다. 범죄에 대한 회복적 접근(회복적 사법)은 우리에게 렌즈 뿐 아니라 질문까지 바꿀 것을 요구한다.

화해를 향한 여정 | 존 폴 레더락 지음, 유선금 옮김

이 책은 갈등 해결과 평화사역 분야에서 다년간 활동한 저자가 자신의 경험을 바탕으로 갈등과 화해 신학의 성경적 근거를 밝힌 책이다. 저자는 갈등전화에 관한 최신 이론을 소개하기보다는 현장에서 경험한 사건들을 생생한 이야기로 들려준다. 갈등을 어떻게 바라보아야 하는지, 갈등 상황 속에서 내가 타인을 어떻게 원수로 만들어 버리는지, 반대로 화해의 여정을 통해 비인격적 괴물이었던 원수의 얼굴에서 어떻게 하나님의 형성을 발견할 수 있는지에 대한 깊이있는 통찰을 제시한다.

■제자도 시리즈

제자도, 그리스도인의 정치적 책임 | 존 하워드 요더 지음, 김기현 옮김

존 하워드 요더는 지난 400여 년 전에 아나뱁티스트를 박해했던 기존 교회들과의 신학적 논쟁을 재개하는 성과를 가져왔다. 이 책은 예수 그리스도의 평화교회를 향한 여정을 시작하라는 존 하워드 요더의 초청이며 메노나이트나 메노나이트가 아닌 사람들 모두에게 똑같이 도전을 주는 매우 귀중한 자료다.

반석 위에 세우리라

성경적 관점의 일과 쉼 | 월드마 잔젠 지음. 김복기 옮김

이 책은 이러한 영역에서 적용할 수 있는 묵상 자료로서 일과 쉼에 대한 성경적 가르침 및 기독교적인 입장. 그리고 일과 쉼을 존중하면서 좀 더 신실하게 살아갈 수 있는 삶의 방법들을 찾도록 도와줄 것이다.

나는 그리스도와 십자가에서 죽었습니다 | 머럴 루스 지음. 김경중 옮김

이 책은 서두에서 '자아'라는 인간의 가장 근본적인 문제에 대해 질문과 해답을 던지고 있다. 또한 이 세상은 어떠하며 어떤 상황에 처해 있는지를, 우리가 왜 스스로의 십자가를 지지 못하는 지를, 우리의 자아가 왜 하나님께로 나아가는 것을 방해하는 지를 묻는다. 그리스도와 동행하는 삶의 원리를 제자도의 삶을 통해 생생하게 증언하는 책이다.

반 석 위 에 세 우 리 라
Building on the Rock